조선시대 농민들의
농사짓기

조선시대 농민들의
농사짓기

초판 1쇄 인쇄 2023년 11월 13일
초판 1쇄 발행 2023년 11월 20일

—

기 획 한국국학진흥원
지은이 염정섭
펴낸이 이방원

책임편집 박은창   **책임디자인** 양혜진
마케팅 최성수 · 김 준   **경영지원** 이병은

—

펴낸곳 세창출판사
　　　　　신고번호 제1990-000013호 **주소** 03736 서울특별시 서대문구 경기대로 58 경기빌딩 602호
　　　　　전화 02-723-8660 **팩스** 02-720-4579 **이메일** edit@sechangpub.co.kr **홈페이지** http://www.sechangpub.co.kr
　　　　　블로그 blog.naver.com/scpc1992 **페이스북** fb.me/Sechangofficial **인스타그램** @sechang_official

—

ISBN 979-11-6684-269-6 94910
　　　　979-11-6684-259-7 (세트)

조선시대 농민들의
농사짓기

염정섭 지음
한국국학진흥원 기획

세창출판사

한국국학진흥원에서는 2022년부터 문화체육관광부의 지원으로 전통생활사총서 사업을 기획하였다. 매년 생활사 전문 연구진 20명을 섭외하여 총서를 간행하기로 했다. 올해 나온 20권의 본 총서가 그 성과이다. 우리 전통시대의 생활문화를 대중에 널리 알리고 공유하기 위한 여정이 시작된 것이다.

한국국학진흥원은 국내에서 가장 많은 민간기록물을 소장하고 있는 기관으로, 그 수는 총 62만 점에 이른다. 대표적인 민간기록물로 일기와 고문서가 있다. 일기는 당시 사람들의 일상을 세밀하게 이해할 수 있는 생활사의 핵심 자료이다. 고문서는 당시 사람들의 경제 활동이나 공동체 운영 등 사회경제상을 이해할 수 있는 자료이다.

한국의 역사는 『조선왕조실록』이나 『승정원일기』와 같이 세계적으로 자랑할 만한 국가기록물의 존재로 인해 중앙을 중심으로 이해되어 왔다. 반면 민간의 일상생활에 대한 이해나 연구는 관심을 덜 받았다. 다행히 한국국학진흥원은 일찍부터 민간에 소장되어 소실 위기에 처한 자료들을 수집하고 보존처리를 통해 관리해 왔다. 또한 이들 자료를 번역하고 연구하여 대중에 공개했다. 그리고 이러한 민간기록물을 활용하고 일반에 기여할 수 있는 방법으로 '전통시대 생활상'을 대중서로 집필하는 방식을 통해 생생하게 재현하여 전달하고자 했다. 일반인이 쉽게 읽을 수 있는 교양학술총서를 간행한 이유이다.

총서 간행을 위해 일찍부터 생활사의 세부 주제를 발굴하는 전문가 자문회의를 개최하고, 전통시대 한국의 생활문화를 가장 잘 구현할 수 있는 핵심 키워드를 선정하였다. 전통·생활사 분류는 인간의 생활을 규정하는 기본 분류인 정치·경제·사회·문화로 지정하였다. 이를 기반으로 매년 각 분야에서 핵심적인 키워드를 선정하여 집필 주제를 정했다. 금번 총서의 키워드는 정치는 '관직생활', 경제는 '농업과 가계경영', 사회는 '가족과 공동체 생활', 문화는 '유람과 여행'이다.

분야마다 5명의 집필진을 해당 어젠다의 전공자로 구성하였다. 서술은 최대한 이야기체 형식으로 다양한 사례를 풍부하게 녹여 달라고 요청하였다. 특히 어디서나 간단히 들고 다니며 읽을 수 있도록 쉽게 서술해 줄 것을 부탁하였다. 그러면서도 본 총서는 전문연구자가 집필했기에 전문성 역시 담보할 수 있다.

물론 전문적인 서술로 대중을 만족시키기는 매우 어렵다. 그래서 원고 의뢰 이후 5월과 8월에는 각 분야의 전공자를 토론자로 초청하여 2차례의 포럼을 진행하였다. 11월에는 완성된 초고를 바탕으로 1박 2일에 걸친 대규모 학술대회를 개최하였다. 포럼과 학술대회를 바탕으로 원고의 방향과 내용을 점검하는 시간을 가졌다. 원고 수합 이후에는 책마다 전문가 3인의 심사의견을 받았다. 2023년에는 출판사를 선정하여 수차례의 교정과 교열을 진행했다. 책이 나오기까지 꼬박 2년의 기간이었다. 짧다면 짧은 기간이다. 그러나 2년의 응축된 시간 동안 꾸준히 검토 과정을 거쳤고, 토론과 교정을 진행하며 원고의 완성도를 높이기 위해 분주히 노력했다.

전통생활사총서는 국내에서 간행하는 생활사총서로는 가장 방대한 규모이다. 국내에서 전통생활사를 연구하는 학자 대부분을 포함하였다. 2022년도 한 해의 관계자만 연인원 132명에 달하는 명실공히 국내 최대 규모의 생활사 프로젝트이다.

1990년대 이후 폭발적으로 증가했던 일상생활사와 미시사 연구는 근래에는 학계의 관심이 소홀해진 상황이다. 본 총서의 발간이 생활사 연구에 다시 활력을 불어넣는 계기가 되기를 기대한다. 연구의 활성화는 연구자의 양적 증가로 이어지고, 연구의 질적 향상 또한 이끌 것이다. 그렇게 된다면 전통문화에 대한 대중들의 관심 역시 증가할 것으로 기대된다.

본 총서는 한국국학진흥원의 연구 역량을 집적하고 이를 대중에게 소개하기 위해 기획된 대표적인 사업의 하나이다. 참여한 연구자의 대다수가 전통시대 전공자이며, 앞으로 수년간 지속적인 간행을 준비하고 있다. 올해에도 20명의 새로운 집필자가 각 어젠다를 중심으로 집필에 들어갔고, 내년에 또 20권의 책이 간행될 예정이다. 앞으로 계획된 총서만 80권에 달하며, 여건이 허락되는 한 지속할 예정이다.

대규모 생활사총서 사업을 지원해 준 문화체육관광부에 감사하며, 본 기획이 가능하게 된 것은 한국국학진흥원에 자료를 기탁해 준 분들 덕분이다. 이 자리를 빌려 그분들께 다시 한번 감사드린다. 아울러 총서 간행에 참여한 집필자, 토론자, 자문위원 등 연구자분들께도 감사 인사를 전한다. 책의 편집을 책임진 세창출판사에도 감사드린다. 이 모든 과정은 한국국학진흥원 여러 구성원의 노력이 있었기에 가능했다.

2023년 11월
한국국학진흥원 연구사업팀

차례

1

조선시대 농사짓기의 원형 찾기

본서는 조선시대 농민들이 수행했던 농사짓기의 본래 모습을 구체적이고 상세하게 검토하고 정리하려는 연구의 결과물이다. 조선왕조의 지배층들이 지배체제와 통치체제를 유지하고 운영하기 위한 경제적 기반은 농민들이 수행한 농업생산 작업이었다. 조선의 조정에서는 농사를 권장하고 농업을 장려하기 위한 여러 가지 시책을 펼쳐 나갔다. 그리고 조선의 피지배층 일반을 대표하였던 농민들은 매년 실행하는 농사짓기를 통해서 농업생산을 담당하였다. 조선 팔도의 농민들은 자신과 가족의 기본적인 재생산을 이루어 내고, 여러 가지 조세 부담 등 지출을 감당하기 위해 농업생산량을 증대시켜야 했고, 이를 위해 농사짓기에 전심전력을 다하였다. 생존이 달린 과업이었기 때문에 농민들은 농사짓기의 전 과정을 가장 잘 파악하고 있었고, 나아가 생산량을 높이고 안정된 생산을 꾀하여 새로운 농업기술의 개발과 발달을 주도하기도 하였다. 농촌에서 생산활동에 오랫동안 종사하면서 농사에 노련하고 노숙한 농업 기술자로서의 농민은 당시 노농老農, 노련한 농민, 노숙한 농민이라고 불렸다.

조선시대 농사짓기의 구체적이고 상세한 역사상을 찾는 연구 작업은 몇 가지 지점에 주목하지 않을 수 없다. 먼저 조선왕조의 지배구조와 통치체제가 제자리를 잡아 나가는 데 경제적인 측면에서 결정적인 기여를 한 것으로 평가받는 '농법의 대전환'에 주목해야 할 것이다. 특히 벼농사에서 휴한농법이 연작농법으로 전환하는 커다란 변화가 바로 14세기에서 15세기에 이르는 시기에 이루어졌다. 그리고 농법의 대전환을 바탕으로 조선이 고려왕조의 중세적 사회체제와 구별되는 근세사회로 자리잡을 수 있었던 것으로 보인다. '농법의 대전환'에 힘입어 조선왕조의 전세 수취제도로서 이른바 공법貢法이 만들어졌고, 향촌사회 구성원들의 상품 교환체제로서 정기시장인 장시가 등장하면서 근세사회의 국가적, 사회적, 경제적 토대가 완성되었다고 평가된다. 이러한 측면에서 조선시대 농사짓기의 원형을 농법의 대전환이 마무리된 모습으로 나타나는 15세기를 중심으로 검토하고 정리하는 것이 필요하다.

다음으로 본서에서 주목해야 할 측면은 15세기 이후 19세기에 이르는 시기에 나타난 조선시대 농민들의 농사짓기의 변화, 변동의 구체적인 모습이다. 이는 조선 근세 사회의 변화, 변동 과정을 보다 분명하게 살피기 위한 과제와도 연관된 것이라고 할 수 있다. 조선왕조의 지배체제의 골간을 이루는 부세수취에서 17세기 이후 대동법, 균역법 등의 커다란 변화가 나타났고, 향촌사회에서 재력을 축적한 새로운 세력이 등장하여 양반 지배구조에 균열을 일으켰으며, 나아가 서울을 비롯한 여러 지역적 중심지가 도회지로 발전하면서 상품화폐경제의 발달이 일어났다. 이러한 경제적, 사회적 변동의 배경에는 농업생산의 변화가 자리하고 있었다. 본서에서 농업생산의 변화에 대하여 일부밖에는 살피지 못하지만, 농업생산의 변화를 불러온 근본적인 요인으로서 농민들의 농사짓기의 변화상을 살핌으로써 그 윤곽을 잡게 되기를 기대해 본다.

무엇보다도 본서에서 가장 주목한 것은 조선시대 농민들의 농사짓기를 기본적이고 개괄적으로 정리하여 제시하는 것이다. 고려시대를 포함하여 조선시대를 거쳐 근대에 이르기까지 여러 분야의 연구에서 참고할 수 있는 조선시대 농사짓기의 전체상을 하나의 입론으로 제출하는 것이 필요하다고 생각한다.

이를 위해 조선시대 농법에 대한 다양한 견해와 입론을 전체적으로 살피면서 가능하면 가장 공감할 수 있는 주장을 중심으로 농사짓기의 이모저모를 정리하려고 한다. 조선시대 농업기술에 대해 관심과 호감을 갖고 있는 연구자, 독자들에게 하나의 일관된 설명을 전달할 것이다.

조선시대 농민들의 농사짓기를 구체적으로 살피기 위해 결국 당시 국가와 지배층이 산출한 역사기록을 검토하지 않을 수 없다. 농민들이 직접적으로 남긴 자료가 없는 상황에서 농서農書, 일기日記 등을 주요한 사료로 살필 것이다. 조선시대 농민들의 농사짓기라는 역사적 행위를 전체 역사의 흐름 속에서 살피면서 이와 더불어 생활사와 미시사에 해당하는 부분에 주목하여 정리할 것이다. 농사짓는 활동을 크게 시간적인 흐름에 따라 몇 가지 작업 과정으로 나누어 볼 수 있고, 또한 그러한 작업 과정은 기술적인 측면에서 몇 가지 단계로 묶어서 살펴볼 수 있다. 논밭을 일구어 적절하게 토양을 다스리는 작업, 작물을 재배하는 과정, 농기구를 활용하고 시비 기술을 적용하는 방식, 물을 다스리는 기술과 도구를 개발하는 모습 등을 주목할 것이다. 그리고 자연재해로 말미암아 농민들이 겪은 고난을 극복하는 양상도 추가할 것이다. 이와 같이 작물 재배라는 단순하고 반복적이면서 기본적인, 농사짓는 노동 과정뿐만 아니라 농민

그림1 김홍도, 〈벼타작〉, 국립중앙박물관

조선시대 농민들이 농사를 지으면서 가장
기원한 것은 다름이 아니라 풍년이 드는 것
이었다. 가을 수확을 마치고 개상에 볏단을
내리쳐 타작하는 농민들의 웃는 모습과 이
들을 감독하면서 음주와 흡연을 즐기는 마
름으로 보이는 인물의 시큰둥한 모습이 대
조를 이루고 있다.

들의 농사짓기에 관련된 생활노동 등을 살펴볼 것이다.

또한 조선시대에 실제 농업생산을 담당하였고 나아가 농업
기술의 변화 과정을 주도하였던 농민층을 중심으로 농사짓기
의 실제 모습과 변화 양상을 사례 중심으로 정리하고 이와 더불
어 각 지역에 각인되어 있는 농업 기술의 특색과 성격, 시대적
흐름 속에서 변화하는 농사짓기의 특징과 의의를 서술할 것이
다. 그리고 농민들의 농촌생활, 생업과 도구에 주목하여, 농업
생산이 곧 사회적 생산이라는 점, 그리고 조선은 농업생산이 그

토대를 이루는 사회, 나라, 세상이라는 점을 주목한다. 이는 농사짓기를 바탕으로 인민의 삶, 생활이 이루어지는 것이고, 나아가 나라의 운영, 지배층의 생활, 상인 공장의 물물교환 등이 가능해질 뿐만 아니라 인간세계의 추상적인 측면인 제도, 사상, 문화, 예술, 종교 등도 농민들의 농사짓기에 의지하고 있다는 점을 고려한 것이다. 따라서 농민생활 가운데 가장 중요한 부문인 농사짓기에 초점을 두어서 본서의 내용을 구성하고 서술한다.

본서의 서술을 농민들의 농사짓기에 집중하기 위하여 농민생활의 여러 측면을 배제하지 않을 수 없었다. 다시 말해서 농민생활을 구성하는 내용 가운데 상당 부분을 본서의 내용 구성 및 서술에서 가능한 한 반영하지 않는 방향으로 정리하고자 한다. 구체적으로 살펴보면, 농민의 생산활동과 실제로 밀접하게 연결되어 있는 생산물의 소비와 유통에 연관된 활동은 언급해야 할 연관 지점이 너무나 광범위하고, 더구나 그 연관지점을 언급한다면 국가적·사회적 경제활동에 대한 부분까지 모두 살펴보아야 했기에 제외하지 않을 수 없었다.

또한 국가의 부세 수취와 관련된 움직임도 일단 본서의 내용에서 빼 놓고자 한다. 농민의 경제활동의 주요한 내용인 생산, 소비, 유통과 관련된 생활사적 부분은 다른 기회에 연구를 진행하고자 한다. 또한 농촌사회에서 사회조직으로 운영되고, 그리하여 지배층 중심의 사회질서 유지의 관건이었던 향약, 동약 등에 대한 서술도 다루기 어렵다고 파악하였다.

본문에서 본격적으로 서술하는 농사짓기의 구체적인 내용은 작업 내용의 성격을 중심으로 다음과 같은 세부항목으로 나누어 우선적으로 고려할 것이다. 먼저 농사짓기의 공간 배경이자, 생산조건에 해당하는 경지를 만들어 나가는 데 주목한다. 논밭을 확보하기 위한 과정으로서 개간, 간척 등을 살필 것이다. 다음으로 논밭에서 경작하는 작물 재배 기술의 실제에 관심을 기울이고자 한다. 세부적으로 논농사와 밭농사가 중심이 될 것이다. 그리고 논밭에서 농민들이 활용하던 농기구에 대해서 개괄적으로 소개할 것이다. 이어서 농사짓기의 생산조건에 해당하는 물 관리 기술, 즉 제언, 천방 등 수리시설의 축조와 관리에 대해서 살핀다. 이와 더불어 두레, 무자위 등 수리도구에도 주목할 것이다. 이와 같이 농사짓기의 기술적인 요소에 주목하는 것과 더불어 농업생산에 차질을 초래하는 재해에 대한 것과 이를 대비하기 위한 방책은 무엇이었는지, 그리고 이를 극복하기 위해 어떤 노력이 이루어졌는지 등에 대한 내용을 두루 살펴볼 것이다. 마지막으로 농민들의 농사짓기가 갖고 있는 역사적 의미를 되새길 것이다. 이상과 같은 여러 가지 요소와 측면

을 종합적으로 검토하는 작업을 통해 조선시대 농사짓기의 진
면목을 찾아보는 데 본서가 조금이라도 도움이 될 수 있길 기대
한다.

2

논밭 일구어 마련하기
- 개간과 간척

조선시대 농민들이 농사짓기를 수행하기 위해서 전답을 마련하는 것은 당연한 전제 조건이었다. 논과 밭은 그 형태와 경작 작물에 따라 구별되었는데, 특히 논은 '답畓' 또는 '수전水田'이라 칭하여 밭, 즉 한전旱田과 구별되었다. 경작지를 구별할 때 수전과 한전이라는 표현은 논밭이라는 용어와 더불어 전토田土의 성질에 따라 농경을 진행하면서 자연적인 과정을 거쳐 설정된 것이었다. 달리 표현하여 수전과 한전은 각각 벼와 잡곡을 경작하기에 적합한 조건을 갖춘 경작지라고 할 수 있다. 물론 특정 곡물을 생산해야 할 필요성에 따라서 지목을 인위적으로 변동시키는 경우도 있다. 개간開墾을 수행하면서 특정한 지목에 맞는 전토 조건을 갖추는 경우와 전답의 지목을 상호 이동시키는 경우가 그것이다. 하지만 전토의 성격을 인위적으로 수정하는 작업의 결과로 지목이 변화하는 경우도 각각 벼와 잡곡을 경작하기에 용이한 경지 여건을 갖추는 것이 요구되었다. 논에 대해서는 예전부터 '답畓'이라는 한식한자韓式漢字가 만들어져 사용되기도 하였다. 수전이라는 용어는 물을 담고 있는 경작지를 의미하였다. '답'이라는 글자가 바로 '수水'라는 글자와 '전田'이라는 글자의 결합으로 이루어진 것에서도 알 수 있듯이 수전과 물은 불가분의 관계였다.

　논밭이라는 농지를 만들어 내는 과정은 개간이었다. 개간은 경지의 확대, 인구의 이동, 촌락의 형성이라는 사회사의 큰 흐름에 토대가 되는 생산 기반의 구축과 직결되는 행위이다. 조선 후기 개간은 공간적으로 크게 두 가지 방향으로 전개되었다. 그중 한 형태가 산전山田이나 화전火田의 형태를 띠었던 고지대 개간이다. 한편 고지대에서 저지대로의 이동이라는 장기적인 개간 추세 속에 위치하는 저지대 개간은 조선시대에 들어와 연해 및 하천변을 대상으로 하여 본격적으로 전개되었다.[1]

　15세기 전반 농지 개간의 기술적인 부분은 『농사직설』에서 찾아볼 수 있다. 먼저 『농사직설』에 대해서 간략하게 소개하는 것이 필요할 것이다. 『농사직설』은 1429년 세종의 왕명에 의해 편찬되었는데, 당대 하삼도 지역 노농老農의 농사 경험, 견문, 지혜를 문자화한 것이었다. 농경이 시작된 이래 오랫동안 조선의 기후와 토양에 맞춰 농민이 실제로 개발하고 전승한 농법을 기록한 것이라는 점에서 커다란 의의를 갖고 있다. 농민들이 활용하던 농업기술을 수록하고 있다는 점에서, 그리고 『농사직설』이 한문으로 편찬되었다는 점에서 『농사직설』의 보급 대상을 농민으로 상정하는 것은 적절하지 않다고 생각된다. 오히려 세종 대에 권농, 농사의 권장과 장려의 실시를 담당하는 수령과

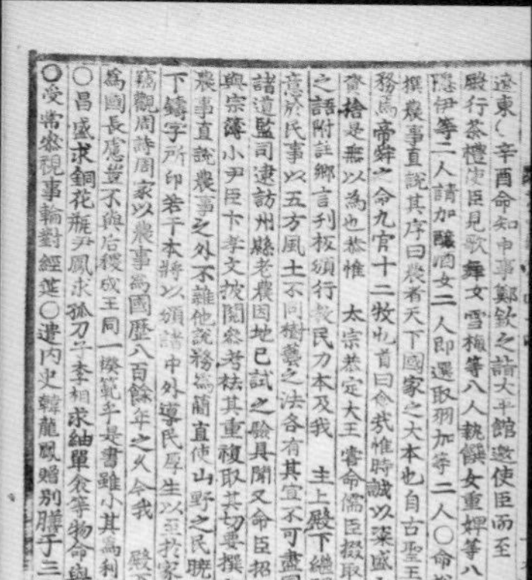
遼東人 辛酉命知中事鄭欽之詣太平館邀使臣而至 上迎入思政
殿行茶禮使臣見歌舞女雪梅等八人執饌女重娉等八人釀酒女內
隱伊等二人請加釀酒女二人即選取刪加等二人○命揔制趙招等
撰農事直說其序曰農者天下國家之大本也自古聖王莫不以是爲
務焉帝舜之命九官十二牧也首曰食哉惟時誠以粢盛之奉生養之
資捨是無以爲也恭惟 太宗恭定大王嘗命儒臣摭取古農書切用
之語附註鄉言刊板頒行敎民力本及我 主上殿下繼明圖治尤留
意於民事以五方風土不同樹藝之法各有其宜不可盡同古書乃命
諸道監司逮訪州縣老農因地已試之驗具聞又命臣招就加詮次臣
與宗簿少尹臣卞孝文披閱參考袪其重複取其切要撰成一編目曰
農事直說農事之外不雜他說務爲簡直使山野之民曉然易知旣進
下鑄字所印若干本將以頒諸中外導民厚生以至於家給人足也臣
竊觀周詩周家以農事爲國歷八百餘年之久今我 殿下恵養斯民
爲國長慮豈不與后稷成王同一揆乎是書雖小其爲利益可勝言哉
○昌盛求銅花瓶尹鳳求孤刀子李相求紬單衣等物命與之○壬戌雨
○受常參視事輪對經筵○遣內史韓龍鳳贈別賻于三使臣○太司

그림 2 『세종실록』에 수록된 『농사직설』의 서문, 국사편찬위원회

1429년 세종의 왕명으로 편찬된 『농사직설』의 서문으로 『세종실록』에 실려 있다.

장차 수령으로 나서야 할 관료층을 바로 『농사직설』의 반포 대상으로 파악하는 것이 온당할 것이다. 국왕을 비롯하여 수령이 실시하는 권농은 농사의 권장, 농사의 장려 등의 의미를 담고 있었다.

『농사직설』 경지耕地 조목을 보면 황지, 즉 황무지에 대한 개간방법을 소개하고 있다. 그에 따르면 "황지荒地(황무지)는 7, 8월 사이에 갈아서 풀을 흙으로 덮어 두고, 다음 해 얼음이 풀렸을 때 다시 한번 갈아 준 다음에 파종한다. 무릇 황지를 개간할 때 첫 번째 갈아 주기는 깊게 하고, 두 번째 갈아 주기는 얕게 한다"라고 설명하고 있다. 이는 황지를 개간할 때의 기본적인 갈아 주기의 원리를 지적하는 것이었다. 『농사직설』은 이와 같은 개간의 기본원리에 추가로 "처음에 깊게 갈아 주고, 다음에 얕게 갈아 주면 생지生地가 일어나지 않아 전토가 부드럽게 다스려진다"라고 부연설명을 붙이고 있었다. 개간을 위해 전토를 갈아 주는 기술에서 적용해야 하는 깊고 얕음의 차이는 쟁기를 부리는 농민의 손끝으로 수행될 수 있는 것이기는 하지만, 기본적으로 쟁기에 볏이 달린 상태라야 원만하게 진행될 수 있는 것이었다. 『농사직설』이 소개하는 기술 내용이 당시 하삼도 농민들, 특히 노농들이 활용하고 있던 기술이라는 점에서 개간 작업에 첫 번째 갈이와 두 번째 갈이를 구별하여 기경 깊이를 조절하고 있다는 점은 당시 개간 기술의 실체로 보아도 무방할 것이다.

『농사직설』은 황답荒畓, 즉 황무지를 수전으로 개간할 때 특별하게 활용한 농기구인 윤목輪木을 소개하고 윤목을 이용하여 저습한 황무지를 개간하여 이용하는 방법을 제시하고 있다. 『농사직설』에 정리되어 있는 저습 황지의 개간법에 따르면 3, 4월 사이에 윤목을 이용하여 잡초를 제거한 다음 만도晚稻(늦벼)를 파종하여 재배하는데, 1년이 지난 후에 비로소 따비를 사용하여 기경 작업을 수행할 수 있다고 하였다. 사람의 힘으로 따비를 운용하여 깊지 않게 땅을 갈 수 있는 상황이었다. 그런 다음 해부터 비로소 우경牛耕을 할 수 있다고 설정하였다.[2]

또한 『농사직설』은 초목草木이 빽빽하게 자라는 산림 지역의 해당 황무지를 새로 개간하여 수전을 만들 때 화경火耕하는 방식을 소개하고 있다. 황무지를 개간할 때 쟁기뿐만 아니라 따비도 이용했다. 이와 같이 쟁기, 따비 이외에 윤목을 이용하여 초목이 빽빽한 산림 지역, 저습한 황무지 등을 개간하여 농경지로 확보하고 있었다.

조선은 농업을 장려하면서 농지農地의 절대 면적을 확대하는 개간을 권장하고 장려하였다. 특히 15세기 전반기에는 저지低地와 저습지低濕地로 개간의 대상이 설정되었는데, 특히 해택海

澤이라고 불린 간석지干潟地 농지화農地化에서 많은 진척이 이루어졌다. 조정에서는 인구의 증가를 감당할 만한 경작지를 개간하는 것이 지리적으로 제한받고 있다는 점을 감안하여 바다와 가까운 지역을 농경지로 개척하고 개발하는 건의를 하기도 하였다. 즉 바다와 가까운 지역의 해변에 제방을 쌓아 수전을 만들도록 감사監司를 독려하자는 주장을 펼치기도 하였다. 그리하여 백성들이 새롭게 전답을 얻게 되어 농사를 지을 수 있게 하려고 하였다. 개간은 농업생산 기반을 복구하고 생산력을 증대시키는 일이었다. 또한 조세를 거둘 수 있는 대상을 확대하는 문제였다. 조선왕조에서는 농지 개간의 확대를 위해 여러 가지 방책을 마련하여 시행하였다. 황무지의 개간과 신전新田 개발에 따른 조세 감면 등의 특혜가 주어졌다.[3]

15세기 후반에 편찬된 『경국대전』에 3년이 넘은 진전陳田(묵은 밭)은 다른 사람이 신고하여 경작하는 것을 허락한다는 규정이 들어 있었다.[4] 그런데 이러한 규정은 주인이 있는 진전, 즉 유주진전有主陳田도 기경起耕한 사람을 주인主人으로 삼는다는 것은 아니었다. 1556년(명종 11)에 명종이 내린 수교受敎에 이러한 상황을 확실하게 규정하였다. 사람들이 3년이 지난 진전을 관에 신고하고 경작하는 것을 허락해 준 것은 영구히 전토를 지급해 주는 것이 아니며, 만약 본래의 주인이 나타나서 돌려 달라고 요구하면 이에 따라야 한다는 것이었다.[5] 하지만 주인이 없는 무주無主 한광처일 경우 기경자起耕者를 토지 주인, 토지 소유자로 삼는다는 규정은 확고한 것이었다. 이러한 법 규정을 마련하여 시행하는 것은 농민들로 하여금 한광지를 개간하여 자기 소유 토지를 확보하도록 장려하는 것이었다.

조선 초기 연해 지역의 농지 개간은 한광지의 개간이면서 동시에 진전으로 버려졌던 예전의 농지를 복구하는 것이기도 하였다. 연해 지역은 고려 말 왜구의 피해를 가장 많이 받은 지역이었기 때문에, 농지 개간은 농경지 확보이면서 또한 왜적을 막아 내기 위한 경제 기반의 구축이었다. 바다 인근에 비옥한 토지가 있다는 지적은 오래전부터 사람들 입에 오르내린 것이었다. 이와 같이 진황지를 농경지로 개발될 수 있게 된 것은 농업 기술이 발달하고 그것이 농민들의 경험 속에 축적된 결과이기도 했다.[6] 또한 신전新田과 황무지의 개간을 장려하고, 수차水車와 같은 새로운 수리도구를 이용하기 위한 시도도 이루어졌다.[7] 수차는 무자위라는 명칭으로도 불렸는데, 낮은 곳에 자리한 물을 높은 곳으로 끌어올리는 데 활용한 도구이다.

조선 전기 저습지와 해안의 진황전이 개간되면서 앞서 산곡간에도 다수 존재하였던 수전의 위치는 평지에 주로 자리 잡게 되었다.[8] 15세기 중반 무렵 수전은 하천 인근 지역까지 확대되어 나갔다. 하천가에 자연적인 방죽을 허물고 거기에 자라고 있던 초목을 베어 내어 수전을 만들었다. 이렇게 수전이 천변에 밀접하게 다가서자 다른 문제가 생겨났다. 천변에서 물의 흐름이 넘치는 것을 막아 주는 역할을 하는 완충지가 사라지게 되어 큰물을 만나게 되면 천변의 경지가 모래로 뒤덮이는 피해를 입었다.[9] 호조는 이러한 피해를 막기 위하여 팔도 고을에 천변에 자라고 있는 초목을 베고 만든 수전에 대하여 경작자가 경작할 수 없도록 하는 규정을 하달하였다. 그리고 『경국대전』 호전에 실려 있는 전택田宅(토지와 주택) 관련 조목 중에는 하천변을 포함하여 수풀과 나무가 자라는 곳을 벌목하여 경작할 경우 처벌을 내리도록 규정한 것이 있었다.[10]

조선 전기 개간의 진행에서 주요하게 파악할 수 있는 것은 전답田畓의 비율에서 답의 비중이 증가하고 있다는 점이었다. 『세종실록지리지』에 조사된 1432년의 경우 전국의 결총에서 답이 차지하는 비율은 27.9%였다. 이때 파악되는 각 도별 수전의 비율을 임진왜란 직전의 상황으로 파악되는 『반계수록磻溪隨錄』의 수치와 비교해 보면 황해도의 경우 15.3%에서 26.3%로, 경기도의 경우 37.7%에서 46.7%로, 강원도의 경우 12.8%에서 18.1%로 증가하고 있었다. 17세기의 경우 수전 비율 증가의 명확한 수치를 확보하기 힘들지만 19세기 초가 되면 전국적인 결총結總에서의 수전 비율이 36.3%로 증가하고 각 도의 수전 비율로 일률적으로 증가한 모습을 보인다. 남부 지방에서 수전농업을 중심으로 농업경영이 전개되는 추세는 이미 16세기부터 확인할 수 있다.

양난 이후 17세기의 개간은 우선 진전의 개간이라는 점에 특징이 있었다. 전란의 영향으로 묵혀져서 경작되지 못하고 있던 진전을 재개발하여 전란의 피해를 복구하는 것에 우선적인 주의가 집중되었다. 이와 더불어 황무지, 한광지를 개간하는 신전 개간도 광범위하게 진행되었다.[11] 이러한 개간은 정부의 개간 장려책과 재지사족의 경지확장 노력, 일반 양인 농민의 재생산 여건 확보 등의 진행 가운데 이루어졌다. 그리고 산림천택山林川澤, 즉 나무숲과 하천 등 자연적인 환경조건을 백성들이 공유하는 것이라는 이념은 16세기 후반 이후 내수사內需司(왕실의 재정을 담당한 기관), 궁방宮房(왕비, 왕자, 공주 등 왕실 구성원의 경제활동 등을 담당하는 기관), 사족士族(양반), 부민富民(재력가) 등에 의해서 점유되면서 점차 사유私有의 대상이 되었다. 산림천택이 가지고 있는 공적인 경제적 이득을 사사로운 개인적 이권으로 변질시키는 것이었고, 사회의 전반적인 경제적 분위기를 보여 주는 것이었다.[12]

17세기에서 18세기에 걸쳐 신전 개간은 대체로 본래 소유하

던 농지를 박탈당한 몰락한 소농이 노동력으로 참여하고, 지주
층과 상인, 권세가 등이 개간에 필요한 재원을 조달하여 주도하
는 방식으로 이루어졌다. 하천 인근의 자연제방, 범람원, 충적
대지, 저습지 등이 주요한 개간 대상지였다. 개간에 투여한 물
력物力에 따라 개간지의 소유 구조가 결정되었고, 노동력을 투
입한 농민들에게도 일부 토지에 대한 소유관계에 참여할 수 있
었다.[13]

정조를 비롯한 조선시대 중앙정부가 수행한 권농정책의 한
방향은 한광지와 진전의 개간을 권장하는 것이었다. 조선시대
에 조정에서 개간을 장려하기 위해 여러 가지 시책을 펼쳤다.
그리하여 농경지의 확대가 17세기에서 18세기 무렵에 확연히
확인되는데, 이 가운데 특히 수전의 증대가 남다른 것이었다.
정조는 개간의 장려를 위해 역대 조정이 마련한 여러 가지 시
책을 계승하여 수령에게 개간을 독려하고, 개간지에 대해 몇 해
동안 면세 조처를 취하고, 나아가 개간자에게 시상을 하기도 하
였다. 18세기 중반까지 조정에서 수행하였던 개간에 대한 시책
이 정조대에도 준행되었다.

한편 강원도를 비롯하여 산지 지역을 많이 포함하고 있는
군현의 경우 산전의 개간이 전개되었다. 산지의 개간은 지리적
특성에 따라 평전平田보다는 산전의 개간이 일반적이었다. 물론

개간에 따른 조정의 지원책은 조세 감면, 사민徙民, 진전 절수折受 등으로 개간을 지원하고 장려하는 것이었다. 개간을 수행한 농민들이 조세에 대한 부담 없이 농사를 지을 수 있도록 세금은 감면시켜 주었다. 그리고 농지로 개발하는 것이 가능한 진전 또는 황지가 많은 지역으로 주민을 이주시키고 이들에게 그 땅을 떼어 주는 사민과 절수를 시행하였다. 또한 둔전을 개설하여 한 광지를 개간하는 방책도 시행하였다. 이때 정병正兵이나 자원자를 동원하여 개간에 참여시키는 방안을 마련하였다.

한편 개간과 정반대의 정책 방향이 이른바 금경禁耕이라는 농사를 금지하는 조치였다. 강무장講武場(무예를 수련하기 위한 공간)과 봉산封山(수목 벌채 금지하여 보호하던 산)으로 지목된 곳에 대해서는 농사짓는 것을 금지하는 금경 조치를 취하였다. 강무장은 군사를 조련하기 위해 설치된 곳으로 농지로 변모하는 것을 막으려고 하였다. 그리고 개간에 적당한 거주 지역 인근의 산지山地를 개간하여 화전火田 방식으로 경작하는 것도 금지하였다. 화전 경작은 일정 기간 동안 비옥한 토질을 잘 이용하여 많은 수확을 거둘 수 있었기 때문에 선호하는 것이었다. 강무장과 산지에 대한 금경은 결국 도경盜耕, 즉 몰래 농사짓는 상황을 불러일으켰다. 산간 지역의 농지 개간은 대체적으로 화전 개발로 이어졌다.

17세기를 거쳐 18세기에 이르러서도 진전 주인의 토지에 대한 권리는 근원적으로 보호되고 있었다. 하지만 16세기 이후에 주인이 없는 무주 한광처일 경우 기경자를 주인으로 삼는다는 규정이 확고하게 자리잡고 있었다. 따라서 기경이라는 조건이 무주 한광지의 소유권을 확보하는 가장 커다란 방법이었다. 그런데 무주 한광처의 소유권을 근원적으로 보장받기 위해서는

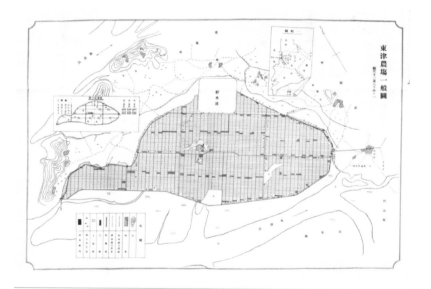

그림 3 동진농업주식회사, 『간척칠년소사』, 국립민속박물관

조선의 간척의 주요 내용은 20세기에도 이어졌다. 1932년 동진농업주식회사에서 추진한 김제 진봉반도 일대의 간척사업의 결과로 개설된 동진농장의 개념도인데, 저수지와 바둑판 모습으로 구획된 농경지, 그리고 방조제가 보인다.

관官에서 입안立案을 받아야 하는 과정을 거쳐야 했다.[14] 무주 진전의 기경자를 주인으로 우선 보호하고, 입안을 받은 자가 근거 없이 기경자를 침범하지 못하게 하는 수교受敎(왕명)들이 모두 모여서 『속대전續大典』에 등재되었다.[15]

조선시대에 농지를 확보하는 방책의 하나는 서해 연안을 중심으로 펼쳐진 간척干拓이었다. 조선 전기 15세기 말 16세기 초 시기에도 해택 개발이라고 불린 연해 간석지干潟地의 농지화, 즉 간척사업이 전개되었다. 간석지 개발은 대규모 농지를 확보할 수 있는 방법이었기 때문에 권력에 가까운 권세가들이 주목하는 것이었다. 세종 대에 의정부는 인구의 증가와 전토의 제한성을 논거로 삼아, 바다와 가까운 주군의 해변에 제방을 쌓아 수전을 만들도록 감사를 독려하자는 건의를 하기도 하였다.[16] 이렇게 하면 백성들이 경종할 만한 전답을 얻게 되어 농사를 지을 수 있을 것이라는 주장이었다. 국가권력이 나서서 인력과 물력을 투입하여 간석지를 개발하고 이를 일반 민인에게 나누어 주자는 주장은 가장 이상적인 논리이기는 하지만 현실성을 갖지 못한 것이었다. 간석지 개발의 성공 여부가 불확실한 것처럼 개간에 동원된 백성들에게 나누어 줄 농지의 규모 등의 문제도 불확실한 것이었다. 그나마 조선 후기의 경우는 투입한 물력을 기준으로 개간하여 확보한 전토를 나누고, 개간에 들어간 노동력에게 노임을 주는 것으로 해결할 수 있었지만, 조선 전기의 경우는 그렇지 않았다. 따라서 간석지의 조성은 많은 위험성을 무릅쓰고 인력人力과 물력物力을 투입할 수 있는, 그리고 경우에 따라서는 일반 백성의 노동력을 강제로 동원할 수 있는, 권세가權勢家들이나 시도할 수 있었다. 그렇기 때문에 16세기에는 왕실의 외척을 중심으로 한 권세가들이 둔전의 명목으로 해택海澤, 즉 간석지를 적극적으로 개발하였다. 그런데 경지로 확보하는 과정에서 그것을 사유지로 변화시키고, 주민을 병작자竝作者, 즉 소작인으로 흡수하여 농장을 만드는 것이 일반적이었다.[17] 이와 같은 기득권층의 폐단과 한계에도 불구하고 연해 지역의 개간은 내륙의 저지개간과 더불어 조선의 농경지 확대, 전답 확보의 측면에서는 커다란 진전을 이루게 되었다.

조선 후기 연해안 간석지를 간척하여 농경지를 확보하는 작업에는 사족士族들도 적극 참여하였다. 대표적으로 해남 윤씨 윤선도 가문을 갯벌을 농토로 바꾼 만석꾼이라 부를 수 있는 근거가 여기에 있다. 윤선도 가문이 다른 사족 가문과 크게 대비되는 점이 바로 언전堰田 개간이었다. 언전은 해안에 산재해 있는 간석지를 간척하여 만든 간척지를 가리킨다. 간척 과정에서 바닷물의 출입을 막는 해언海堰을 만들게 되는데, 해언으로 보전되는 농지를 언전이라 부른다. 그리고 언전 가운데 논으로 개발되어 이용될 경우는 언답堰畓이라 부르게 된다.

갯벌을 간척하기 위해 해언을 만드는 과정은 그리 손쉬운 것이 아니었다. 해언을 만들어 새로운 농토, 아직 세상에 존재하지 않던 농지를 창조하는 것은 여러 가지 조건이 갖추어졌을 때 가능하였다. 먼저 해언을 축조할 만한 재력이 필요하였다. 간척을 통해 농지를 새로 획득하는 것은 먼 장래를 내다보는 투자라는 점에서 당장 먹을 것을 걱정하는 사람이 할 수 없는 일이었다. 수년에서 10여 년을 버틸 수 있는 집안의 먹을 것이 쌓여 있어야 하고, 또한 해언을 축조하는 데 들어가는 물력物力을 감당할 만한 재력도 동원할 수 있어야 했다. 그리고 두 번째로 필요한 조건은 권력이었다. 간석지 간척의 허가에 해당하는 입안을 받아 내려면 중앙권력에 밀착된 권력 관계의 연줄이 필요하였고, 지방 수령의 적극적인 협조를 받아 낼 수 있는 인연도 요구되었다. 조선 초기부터 서해안 지역의 간석지 개발과 관련된 논의가 중앙 정계에서 심심치 않게 진행되었다. 중앙 정계에서 논의가 진행된다는 사실 자체가 해당 간척사업이 여러 가지 문제점을 드러내고 있다는 점을 알려 준다. 관료들이 집중적으로 문제로 삼은 부분은 간석지 간척 과정에서 권세가와 왕실 종친들이 필요 이상의 특별대우를 받고 있다는 점이었다. 지방 수령과 결탁하여 백성들을 함부로 동원하는 일이 일어났고, 여러 사람이 간석지 개간에 관련된 입안을 둘러싸고 다툼이 벌어질 때에도 이를 권세가와 왕실 입장에서 처리했다.

간석지 간척에 필요한 또 다른 조건은 민력民力이라고 할 수 있다. 좀 구체적으로 표현하면 많은 노동력의 조달이 요구되었다. 해언 축조는 막대한 재력이 소모될 뿐만 아니라 적지 않은 인력을 동원해야 가능한 일이었다. 그런데 동원할 수 있는 인력은 결국 주변 향촌 마을에 살고 있는 백성들이 중심이 될 수밖에 없었다. 따라서 백성들이 제대로 힘을 보태지 않고, 태업, 직무유기 등을 일삼게 되면 해언 축조가 늦어지거나 애써 쌓아 놓은 해언이 쉽게 주저앉는 등의 일이 일어나게 되었던 것이다. 소규모 간척일 경우 가족 노동력을 중심으로 일부 노동자를 동원하는 방식으로 실행되기도 하였다.

마지막으로 간석지 개발에 필요한 조건은 기술력이었다. 해안을 따라 또는 간석지 양쪽을 잇는 기다란 제방을 쌓는 축제築堤에 첨단 기술이 필요하였다. 나무말뚝, 크고 작은 돌 등을 무너지지 않게 쌓는 기본적인 기술뿐만 아니라 간석지를 간척하기에 적당한 곳을 찾아내는 혜안도 전문기술에 속하는 것이었다. 그리고 해언을 통해 확보한 언전에 물을 대고 빼내는 수로水路시설이 필수적으로 동반되어야 하는데, 이는 물을 이용하는 고급기술이 있어야 가능한 것이었다. 즉 축제築堤뿐만 아니라 개거開渠, 즉 수로 개착에도 숙련된 기술이 필요하였다.

조선시대의 서해 연안을 중심으로 활발하게 전개된 간척은 특히 자연환경적 조건에 근거한 것이었다. 이는 이 지역에서 농경지 확보에 힘을 기울였던 농민들의 간척활동에서 찾아볼 수 있다. 서해 연안 지역은 갯벌의 발달과 함께 조석 간만의 차이가 크고 바다 수심이 얕으며 경사가 완만하다는 점, 하천 퇴적물이 많다는 점, 해안선이 복잡하고 연안에 섬이 많다는 점 등은 상대적으로 쉽게 간척지를 조성할 수 있는 입지적인 조건으로 지적되고 있는 것들이다. 지형적인 조건으로 보았을 때 서해 연안 저지대에서 볼 수 있는 간척은 연해부 간척과 육지부 간척, 다시 말해 조수의 영향권 아래 있는 감조구역 변의 간척으로 구분되었다.[18]

서해 연안 저지대에서는 대규모 간척뿐만 아니라 소규모 간척 역시 행해졌는데, 규모를 떠나서 간척 기술의 핵심은 노동력에 있었다. 다시 말해 현대에 이르러 농업기계, 중장비가 도입되기 이전까지의 간척은 노동력에 기반한 토목 공사였다는 점은 조선시대에 일관된 서해 연안 간척의 특징이었다. 소규모 간척과 대규모 간척은 지형적인 조건상 노동 과정 면에서 큰 차이를 보인다. 소규모 간척의 경우 갯벌 중에서도 대기에 노출되는 기간이 2/3 이상 되는 상부 조간대에서 이루어지기 때문에 작업 과정에서 조수의 영향을 덜 받았으며, 갯벌의 진흙을 이용하여 높이 3m 정도의 제방을 쌓는 것만으로도 방조제 안의 땅을 논으로 확보할 수 있었다. 따라서 지형에서는 몇 달 동안 가족끼리 또는 동네 사람들의 품을 사는 것만으로도 소규모 간척지를 조성할 수 있었다. 하지만 큰 갯고랑을 막아야 하는 색포塞浦(갯고랑 막기)의 경우 갯고랑을 타고 올라오는 거센 조수를 차단해야 했기 때문에 2-3일이라는 짧은 시간에 대규모 인원을 동원해서 작업을 해야 했다. 색포 시 가장 먼저 행해졌던 작업은 조류수로 변에 수문 자리를 놓아서 물길을 돌리는 일이었다. 이후 평지에서부터 제방을 쌓아 오다가 가장 마지막에 수심이 깊은 갯고랑을 막는 일을 하였다. 한편 조선시대에 대규모 간척에 동원되는 인원은 수천 명을 넘어서서 수만 명에 달하는 경우도 있었다.

3

작물 재배 기술의
전개 양상

논에서 벼를 재배하는 기술의 양상과 성격은 경종법耕種法을 중심으로 분석함으로써 밝혀낼 수 있다. 경종법이란 기경起耕(전답 갈아주기) 작업에서 파종播種(종자 뿌리기) 작업까지 이어지는 농사일을 종합적으로 파악하는 개념이다. 수전의 벼 경종법이야말로 수전농법의 전반적인 양상과 성격을 드러내 주는 농작업의 핵심이기 때문이다. 마찬가지로 한전농법에서도 한전에서 여러 가지 잡곡, 의료작물 등을 재배하는 과정에 적용하는 기경·파종 등으로 구성된 기술적인 측면을 주요하게 살펴보는 것이 필요하다. 그런데 한전농법을 살필 때에는 여러 가지 다른 작물作物을 서로 결합하여 재배하는 경작 방식도 반드시 살펴보아야 한다. 여러 밭작물을 어떠한 방식으로 엮어서 재배하는가

이 대목에서 한전농법의 특색이 드러나기 때문이다. 조선의 농민들이 활용한 벼농사 재배법과 밭작물 경작법은 1429년에 편찬된 농서農書인 『농사직설農事直說』을 중심으로 살펴볼 수 있다.

조선 초기의 벼 재배법은 크게 보면 3가지 경종법을 중심으로 갈래가 나뉘어 있었다. 경종법이란 논의 기경작업부터 볍씨의 파종, 그리고 파종 직후의 작업까지 포함하는 복합적인 기술 체계였다. 구체적으로 논의 크기, 위치, 쟁기, 토양 상태에 따라서 기경하는 방식이 달라지고, 기경한 이후의 숙치熟治(전답 표면 다스리기), 마평摩平(전답 표면 다듬기)의 방식도 달라질 수밖에 없었다. 또한 경종법에 따라 종자 관리도 달라지고, 파종 직전의 전토의 상황에 따라 파종법도 차이가 있었다. 따라서 벼의 경종법은 여러 가지 벼 경작 방식이 지니고 있는 각각의 독자적인 특성을 가장 잘 드러내는 핵심적인 기술 부분으로 간주되었다. 이 때문에 『농사직설』에서도 3가지로 경종법을 나누고 있는데, 이때 기준이 된 것은 알곡이 여무는 시기의 이르고 늦음이었다. 『농사직설』의 기사를 보면 "도종稻種(벼품종)에는 이른 것이 있고, 늦은 것이 있다. 경종법에는 수경水耕(무논갈이)이 있고, 건경乾耕(건답갈이)이 있으며, 또한 삽종揷種, 苗種(모내기)이 있다. 제초하는 법은 대개 모두 같다"라고 규정되어 있었다.[19] 이와 같이 수경과 건경, 그리고 삽종, 즉 이앙移秧은 논에서 벼를 재배하는 주요한 경종법이었다. 수경과 건경은 곧 수경직파와 건경직파를 가리키고 있다.

『농사직설』에 소개된 세 가지 경종법 가운데 15세기 수전농법에서 일반적으로 채택하고 있던 경종법은 바로 수경직파법이었다.[20] 수전에서 벼를 재배하는 경종법 가운데 수경직파법을 『농사직설』의 벼농사 재배법 첫머리에 올려 서술하고 있었다. 이러한 서술방식, 그리고 건경직파법이나 이앙법이 특수한 상황에서 실행되는 기술로 규정되고 있다는 점에서 당시 수경직파법이 가장 지배적인 경종법이라는 위치를 차지하고 있었던 것으로 볼 수 있다. 더욱이 수경직파법은 조도早稻(올벼)와 만도晚稻(늦벼) 양쪽 모두에 적용될 수 있는 기술이었다. 수경직파법에서 수경이란 논에 물을 넣고 기경한다는 뜻이고, 직파直播란 발아시킨 볍씨를 논에 뿌리고 그 자리에서 벼가 자라나도록 한다는 뜻이었다. 이러한 수경직파법이 15세기에 논에서 벼를 재배하는 가장 일반적인 재배법으로 자리잡고 있었다.

벼 경종법 가운데 오늘날 모내기법, 이앙법으로 알려져 있는 삽종법이 『농사직설』에 세 가지 경종법 중의 하나로 수록되어 있었다. 『농사직설』에 소개되어 있는 이앙법의 기술 내용을 살펴보면, 모판의 관리, 이앙의 구체적인 방식 등이 잘 정리되어 있어 그 기술 내용도 상당한 수준에 도달한 것으로 평가할 수 있다. 고려 후기 농업기술을 다룬 연구성과에 따르면 14세기 후반에 이미 이앙법이 알려져 있었고, 일부 농민이 이앙법을 활용하고 있었던 것으로 보인다. 고려 말에 활약한 인물들의 시문詩文에서 당대 이앙법의 존재를 알려 주는 증거를 찾아볼 수 있다. 다만 문제는 이앙법이 벼 경종법에서 어느 정도의 비중을 차지하고 있는가라는 점과 이앙법을 실행한 지역이 어느 곳이 었는지 이 두 가지 의문에 대한 해답을 찾기 어렵다는 점이다.

이앙법은 모내기법으로 모판에서 모를 키우다가 본답에 옮겨 심는 방법이었다. 그런데 근현대 벼 경종법에서는 당연하게 여겨지는 모내기 법이지만, 제초에 편하다는 장점과 큰 가뭄이 들면 실수 즉 수확을 실패할 수 있다는 단점을 동시에 지니고 있어 농가의 위험한 일이라고 파악되기도 하였다. 이러한 이앙법의 약점을 지적하는 것은 조선의 기후 조건에 비추어 볼 때 당연한 일이었다. 초여름 장마가 시작되기 전에 이앙을 한다는 것은 시기를 잘 맞추어야 가능한 일이었다. 태종 대에는 이앙법에 대한 금령까지 내려져 있었다. 이러한 사정 때문인지 『조선왕조실록』의 기사를 살펴보면, 15세기 무렵에 이앙법은 강원도와 경상도 일부 지역에서 채택되는 정도에 불과하였던 것으로 보인다.

수경직파법과 이앙법 이외에 건경법乾耕法, 즉 건경직파법이라는 방식도 벼 재배 경종법으로 실행되고 있었다. 그런데 건경법은 특수한 조건 아래에서만 실행될 수 있었는데, 만도에 대해서만 적용될 수 있었고, 한해로 말미암아 수경직파법이 불가능한 조건에서만 시행할 수 있는 기술이었다. 그리고 건경직파법은 많은 노동력의 투하가 요구되어 행하기 어려운 방식이었다. 따라서 때 이른 가뭄으로 말미암아 수경이 불가능하고, 그렇다고 이앙하기 위한 준비도 되어 있지 않을 때 보완적으로 실행할 수 있는 방식이었다.

이앙법은 16세기를 거치면서 경상도 전역과 전라도·충청도의 일부 선진 지역까지 보급되기에 이르렀다. 16세기 초반 경상도의 상당 지역과 영동 지역을 비롯한 강원도 지역에서는 이앙법을 채택하고 있었다. 16세기 초에 이르면 이앙법이 경상도·강원도 지역으로 확산되어 감에도 불구하고 중앙정부는 이를 적극적으로 제한하거나 금지하려고 하지 않았다. 16세기 중반 이후에 이르러 이앙법은 경상도 지역 여러 곳으로 보급되어 나갔다. 예천醴泉, 대구大邱의 경우 16세기 후반에는 이미 이앙법을 채택하여 수전에서 벼를 재배하고 있었다. 16세기 후반을 지나면서 수전 경종법의 하나인 이앙법의 보급이 삼남으로 특히 전라도·충청도 지역으로 확산되어 나갔다. 그리하여 17세기 중후반 이후 이앙법은 삼남 지역의 지배적인 벼농사 경종법으로 자리매김했다.

　이앙법이 지역적으로 시기적으로 편차를 보이며 점진적으로 보급된 배경은 우선 농서農書에 수록된 앙기秧基(모판) 작성 기술의 변화, 건앙법乾秧法(마른 모내기)의 개발·보급 등 기술적인 측면에서 찾아볼 수 있다.[21] 그리고 소규모 보시설의 증가와 같은 수리시설의 점진적인 호전, 농업에 관한 지식이 향상되면서 이앙법이 제초노동력의 절감, 토지 생산성의 향상이라는 이점을 농민들이 알게 되었다는 점에서 찾을 수 있다. 직파법에서 4, 5차례의 제초 작업이 필요하던 것을 이앙법을 채택할 경우에 2, 3차로 그칠 수 있었고 이렇게 절감된 노동력을 다른 방면으로 투여할 수 있다는 점과[22] 이앙법에서의 수확량이 직파에 비해서 높게 나타난다는 점, 이앙법을 적용하면 모맥이모작稻麥二毛作(벼와 보리 이모작)을 수행할 수 있다는 점 등 이앙법의 이점을 곧바로 보급 원인으로 이해할 수 있다.

　이앙법이 가지고 있는 경제적인 유용성뿐만 아니라 이앙법이 갖고 있는 해결해야 할 난점, 즉 이앙기의 물 문제라는 어려움을 극복할 수 있는 기술적인 발달이 바로 이앙법 보급의 배경이라고 할 수 있다. 이앙법이라는 경종법의 기술적인 체계와 세부적인 기술 요소의 발달, 즉 이앙법의 안정성을 증대시키는 기술의 발달을 이룸으로써 지역적으로 전면적인 보급이 점차 점

심사정, 〈벼베기〉, 한국데이터베이스진흥원

벼농사를 마무리하는 단계에서 낫으로 벼를 베어 내는 모습이다.

진적으로 확대되어 나갈 수 있었다. 실로 이앙법의 보급은 이앙법의 기술 수준의 진전에 힘입은 바가 컸다. 그것은 이앙법을 구성하고 있는 세부적인 기술 요소로서 앙기 관리와 앙기 시비에서 나타난 발전, 그리고 이앙시기를 적절하게 맞추기 위한 파종 시기의 선택이었다. 다른 한편으로 이앙법 실행의 안정성을 높일 수 있는 보조적인 기술개발이었다. 또한 이앙법의 채택으로 야기되는 노동력의 집중적인 투입, 즉 이앙기에 필요한 대규모 노동력의 동원을 가능하게 하는 공동 노동조직으로서 두레

의 형성이라는 농업여건의 변화가 특히 삼남 지방 전역에 이앙법이 보급될 수 있는 배경이었다.[23]

　밭에서 여러 곡물을 재배하는 방법은 먼저 작물을 재배할 때 필요한 여러 가지 농작업의 측면에서 살펴볼 수 있다. 잡곡 재배 방법은 기본적으로 기경, 숙치, 파종, 복종覆種, 제초除草, 시비施肥, 수확收穫 등의 농작업을 적절한 시기에 적당하게 수행하는 것이었다. 이 가운데 전토를 다스리는 작업과 파종 작업을 묶어서, 더 나아가 복종 작업까지를 한데 모아서 경종법이라고 이름 붙일 수 있다. 15세기 밭작물 경종법을 『농사직설』에서 찾아볼 수 있다. 이에 따르면 각 작물별 경종법은 아주 간략하게 서술된 대두大豆, 소두小豆 등 두과豆科작물의 경종법의 경우까지도 기경부터 시작하여 복종에 이르는 작업이 일련의 연속 작업으로 수행되는 것이었다. 그리고 경종의 여러 단계를 재를 주로 이용하는 분전糞田, 즉 거름 주기와 결합시켜서 수행하고 있었다.

　한전旱田을 기경하는 원리에 대해서 살펴보자. 한전 기경의 기본적인 원칙으로 "경지는 천천히 하는 것이 적당하다. 천천히 하면 흙이 연해지고, 소가 피곤하지 않게 된다. 춘하경春夏耕은 얕게 하는 것이 적당하고, 추경秋耕은 깊게 하는 것이 적당하다"[24]라는 것을 『농사직설』에서 제시하고 있었다. 봄·여름갈이는 얕게 하고, 가을갈이는 깊게 하라는 것은 중국의 『제민요술 齊民要術』이라는 농서에 등장하는 기경의 원칙이었다.[25] 봄작물, 가을작물에 연결되는 기경 작업에 얕고 깊은 차별을 두어서 갈 기의 깊이를 각각 규정한 것은 봄철과 가을철의 토양의 조건이 각각 다르기 때문이었다.[26]

조선시대 한전농법의 주요한 특색을 여러 가지 밭작물의 구 체적인 경작 방식의 측면에서 살필 수 있다. 특히 밭농사의 경 우 보리, 기장, 조, 콩, 팥 등 여러 작물을 어떠한 방식으로 연결 시켜 경작하였는지 그 방식에 주목하지 않을 수 없다. 왜냐하 면 14세기 벼농사 방식이 휴한농법에서 연작농법으로 변화하 는 '농법의 대전환'이 일어나기 이전에 이미 밭작물을 특정한 밭 에서 연작방식으로 계속 농사짓는 방법이 통용되고 있었던 것 으로 보기 때문이다. 따라서 15세기 이후에 밭작물을 연결시켜 농사짓는 방식에 대한 탐구가 심층적으로 이루어졌다.

우선 조선 후기의 밭작물과 경작 방식은 조선 전기의 그것 사이에 커다란 차이를 보인다는 점을 확인할 수 있다. 한전의 밭작물 경작 방식은 양맥兩麥을 중심에 놓고 검토할 수 있는데, 보리를 중심으로 밭작물의 경작방식 변화를 살펴본다. 양맥은 보리와 밀를 뜻한다. 양맥을 재배하는 방식은 파종 시기에 따라 2가지로 나뉜다. 하나는 가을에 파종하는 방식이고 다른 하나는 봄에 파종하는 방식이었다. 이 두 가지 방식 가운데 가을에 파종하여 초여름에 수확하는 방식이 일반적이었다. 봄에 파종하여 가을에 거두는 다른 밭작물의 경작방식과 생육시기, 재배시기가 차이가 있었다. 따라서 봄에 파종하여 가을에 거두는 다른 밭작물과 가을에 파종하여 여름에 수확하는 양맥을 연결시켜 재배하는 경작 방식이 실현가능한 것이었다.

그림 5 김홍도, 《단원풍속도첩》, 〈논갈이〉, 국립중앙박물관

단원 김홍도가 그린 풍속화로 두 마리 소에 쟁기를 매어 논 가는 모습을 보여주고 있다.

『농사직설』에 따르면 양맥을 수확한 다음에 재배하는 작물로 점물곡속占勿谷粟, 강직姜稷, 대두, 소두, 호마胡麻(참깨) 등이 제시되어 있었다. 양맥 다음에 경작하는 작물을 하나하나 살펴보면, 먼저 점물곡속과 강직은 둘 다 만종晚種하여도 조숙早熟하는 품종이었다. 따라서 양맥근의 후작으로 일반적인 속성을 지닌 속粟과 직稷을 경작하는 방식이 채택된 상황이 아니었다. 다음으로 대두와 소두를 맥근전에 경작하는 경우를 보면 여기에는 하나의 조건이 붙어 있었다. 바로 대두와 소두의 만종晚種에 해당하는 품종을 재배하는 것만 가능하다는 조건이었다. 따라서 조종早種하는 대두와 소두는 도저히 맥근전에 키울 수 없었던 것이다. 마지막으로 호마는 애초에 황지에 재배하는 것이 적당한 작물이었다.27 그런데 비옥한 밭일 경우라야만 4월에 맥근의 후작으로 호마를 경작할 수 있었다. 호마를 맥근전에 경작하는 것은 상당한 조건이 충족되어야 가능한 것이라고 할 수 있다.

　이렇게 볼 때 『농사직설』에 보이는 양맥을 중심으로 설정된 작물 사이의 연계 관계를 1년 2작이나 2년 3작의 경작 방식으로 파악하기 어렵다고 할 수 있다. 그렇다면 가장 일반적인 방식의 한전작물 경작 방식은 각 작물을 1년 1작 방식으로 경작하는 것이라고 보아야 할 것이다. 여기에 일부 2년 3작이나 1년 2작이 병행되고 있었다. 좀 더 구체적으로 살펴보면 대체로 양맥에 뒤

이어 다른 작물을 재배하는 근경법根耕法(그루갈이, 한 작물을 수확하고 그 그루를 갈아서 다른 작물을 연이어 재배하기)이 제한적으로 채택되고 있었고, 극히 특수한 조건 아래에서만 간종법間種法(사이짓기, 한 작물을 심은 이랑 사이에 다른 작물을 재배하기)을 실행할 수 있었다.

16세기를 거치면서 한전에서 밭작물을 경작하는 방식은 15세기의 1년 1작이 지배적이던 단계에서 1년 2작을 일반적으로 수행하는 단계로 변화 발전하였다. 16세기 후반에 이르게 되면 근경법의 일반적인 채택, 간종법의 확대 적용 등을 바탕으로 한 해에 밭에서 두 번 농사짓는 1년 2작, 즉 한전旱田 이모작二毛作이 보편화되었다. 이러한 한전 이모작 경작 방식의 발달은 양맥兩麥의 경종법을 중심으로 나타난 것이었다. 특히 16세기 중반 이후 양맥의 경종법과 연관된 한전농법의 변동을 고상안高尙顏이 지은 농서인 『농가월령』을 중심으로 살펴볼 수 있다.

『농가월령』에 보이는 양맥 경작법은 상당히 복잡하게 구성되어 있었다. 봄보리 경작법, 가을 보리 재배법, 그리고 얼보리凍麰 재배법을 바탕으로 삼고 있었고, 여기에 양맥의 후작後作으로 다른 작물을 경작하는 근경법根耕法, 대두를 간종間種하는 방법 등이 추가되어 있었다. 봄보리를 경작하는 밭에 얼마간의 시간이 지난 후 대두를 간종하려는 계획을 세우고 있다면, 즉 춘맥전에 대두를 간종하기 위해서는 미리 대두를 파종할 표면을 쇠스랑 등으로 갈아 주는 작업을 해야 했다.[28] 봄보리나 가을보리는 봄철과 가을철에 보리를 파종하여 재배하는 방법을 가리키지만, 얼보리 재배법은 매우 특별한 보리 재배법이었다. 가을보리에 특수한 처리를 덧붙여 가을이 아니라 이른 봄에 파종하는 것이었다.[29] 이와 같이 보리 재배 방식의 다양한 모습을 『농가월령』에서 찾아볼 수 있다. 16세기 후반 무렵 대두 등을 보리의 근경이나 간종으로 경작하는 등, 보리를 중심으로 여러 작물을 경작하는 다양한 경작법이 일상적으로 활용되고 있었다는 점을 알 수 있다.

밭에서 재배하는 의료작물인 면화 재배와 관련된 사정을 살펴볼 필요가 있다. 15세기 조선 전기를 거치면서 면화 재배가 점차적으로 보급되었기 때문이다. 1364년(공민왕 13)에 문익점文益漸(1329-1398)이 원元으로부터 목면 씨를 가지고 온 것을 최초의 목면 도입으로 파악하는 것이 통설로 받아들여지고 있다.[30] 문익점의 목면 씨 도입을 기술하고 있는 「목면화기木綿花記」의 내용에 그러한 사실史實이 수록되어 있다. 문익점은 목면 씨를 가지고 귀국한 공로를 인정받아 1375년(우왕 1)에 전객주부典客主簿에 임명되었다. 그리고 조선에 들어와서도 1401년(태종 1)에 목면 전래의 공으로 그의 아들에게 버슬을 내렸다. 이러한 포상이 역사적으로 이루어진 것은 당대에 문익점이 목면 도입과 관련하여 커다란 공훈을 세운 것으로 인식되었다는 것을 보여 준다. 그리고 조선시대에 들어와서야 정책적인 목면 보급이 있었던 것이 아니라 이미 고려 말부터 국가는 정책적으로 목면 보급에 힘썼던 것으로 보아야 한다는 주장[31]도 설득력을 갖는다.

문익점의 목면 도입을 잘 정리해서 보여 주는 자료가 바로 「목면화기」이다. 이 자료는 문익점이 중국으로부터 목화를 가져와서 재배한 전말을 수록하고 그 공적을 칭송하는 내용의 글이다. 「목면화기」라는 이름이 붙은 글이 여러 자료에 들어 있는데, 경상대학교 문천각에 소장되어 있는 『강성록江城錄』[32]을 보면 「목면화기」가 수록되어 있다. 『강성록』은 20세기 말에 편찬된 것인데, 저자著者는 남명南溟 조식曺植으로 기록되어 있다. 조식(1501-1572)은 경상도 지역의 유력한 유학자로 진주 일대에서 많은 제자를 길러 냈고, 경敬과 의義를 강조하면서 현실과 실천에 중점을 두었다. 한편 19세기 중반에 편찬된 『삼우당실기三憂堂實紀』에도 『목면화기』가 실려 있다. 이 기사는 추강(秋江) 남효온南孝溫이 저자로 비정되어 있다. 남효온(1454-1492)은 생육신의 한 명으로 벼슬에 나아가지 않았으며, 사육신의 행적을 정리한 「육신전六臣傳」을 지었고, 시화詩話와 일사逸史를 모아 엮은 『추강냉화秋江冷話』를 편찬하였다.

「목면화기」는 문익점이 원나라에서 목화를 도입하게 된 전

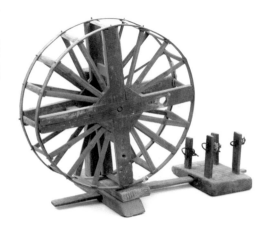

그림 6 물레, 국립민속박물관

면화의 솜이나 누에고치에서 실을 짓는 연장으로 바퀴를 돌리면 바퀴에 감아 돌아가는 물렛줄이 가락을 돌리는 방식이다.

후 사정과 문익점의 공로에 대하여 찬양하는 내용으로 채워져 있다. 조식의 「목면화기」에는 붓두껍 대신 주머니와 전대로 목화씨를 넣어 온 도구를 소개하고 있다. 그리고 남효온의 글에는 보이지 않는 호승胡僧의 공로에 대하여 자세히 서술하고 있는 것과 중국의 노파가 문익점이 목화씨를 가져가는 것을 막아서고 나라의 금령을 언급한 것에 대해서도 상세하게 소개하고 있다. 이러한 측면에서 조식은 문익점의 공로뿐만 아니라 목화에서 씨를 빼내는 도구, 실을 잣는 도구 등의 개발에 공로를 세운 호승의 존재도 유의미하게 주목한 것으로 볼 수 있다. 목화를 면포로 만들어 의복의 새로운 경지를 이끌어 낸 공로에 대해서 좀 더 구체화된 평가를 내리고 있는 것으로 보인다.

「목면화기」는 조선의 백성들이 의복을 만들어 입을 수 있게 만든 공로는 바로 문익점에게 있다고 설명한다. 그리고 문익점의 공로가 집집이, 마을까지, 나아가 나라 전체에 미치고 태산泰山보다 높고 하해河海보다 깊다고 칭송하고 있다. 이렇게 볼 때 「목면화기」는 문익점이 원나라에서 우연히 목면화木綿花를 보고 그 씨를 얻은 전말과 그 씨를 향리鄕里에 재배한 사실을 소개하면서 그의 행적을 칭송하는 내용의 글이라고 할 수 있다.

고려 말에 면화 재배가 점차 보급되고 있었지만, 본격적으로 면화 재배가 크게 확대된 것은 조선 초기의 일이었다. 조선 전기 세종 대에 면작綿作은 아직 제한적인 보급 상태에 있었다. 『세종실록지리지』에서 면작 지역으로 확인되는 지역은 전국 335개 군현 가운데 42개 군현에 불과하였다.[33] 그렇지만 15세기 후반 이후 기후 조건으로 재배가 불가능한 함경도를 제외한 전국적 범위로 확대되고 있었다. 면작 재배의 확대는 16세기 이후 군포軍布의 부과가 강제하는 측면을 가지고 있었지만, 일반 민인의 의료작물로서 정착되면서 수요가 확대됨에 따른 측면이 주된 것이었다. 즉, 가내 직포의 발전에 따라 농가의 주된 의료작물로 면화 재배가 확대된 것이었다.

조선 후기 상품화폐경제의 발달은 농업생산의 주안점을 현저하게 상품작물商品作物 생산으로 바꾸어 나갔다. 이른바 상업

그림 7 베틀, 국립민속박물관
피륙을 짜는 연장으로 오늘날의 직조기와 원리가 비슷한데, 날이 얼마나 촘촘하냐에 따라 피륙의 품질이 달라진다.

적 농업이라 불린 지주층과 부농층의 상품작물 생산은 곡물과 채소를 중심으로 전개되었다. 그런데 조선 후기에 상품작물 생산을 꾀하는 선진적인 상업적 농업은 부농층만 행한 것이 아니었다. 지주층들도 그러한 면에 관심을 기울이면서 작인作人에게 상업적 농업을 권하거나, 심지어 직접 고공을 고용하면서 경영에 참여하기도 하였다.

상업적 농업에서 곡물의 경우 계절적 지역적인 곡물의 가격 차이를 이윤창출의 매개 고리로 설정한 것이었다. 그리고 채소를 상업적 농업으로 경작할 경우, 도시화된 지역의 주변에서 채소를 공급하면서 이윤을 도모하는 방식이었다. 그리고 조선 후기에 상업적 농업이 가장 발전한 부문은 인삼人蔘을 비롯한 약초 재배였고, 그중 대표적인 것은 인삼 재배업이었다.[34]

상업적 농업에 대한 강조는 17세기 초반에 편찬된 『농가월령農家月令』에서도 보이고 있다. 고상안이 지은 『농가월령農家月令』의 조목을 보면 어염魚鹽(물고기와 소금)을 무역하고, 남초南草 목화木花 등의 재배와 판매를 강조하는 것을 볼 수 있다.[35] 즉 시장과 일정하게 연결되는 가운데 농업생산을 수행하는 분위기의 성숙이 느껴지는 상황이었다. 부농층이나 지주층은 당시 발전하고 있었던 상품화폐경제를 잘 이용해야 부를 축적할 수 있었다.

18세기 학자인 이중환李重煥의 『택리지擇里志』나 19세기 학자인 정약용의 『경세유표經世遺表』에도 당시 상업적 농업의 발달 양상이 잘 기록되어 있다. 즉 상품작물을 재배하고, 그것을 시세에 맞게 판매하면 부를 축적할 수 있었다는 지적이 보인다. 상업적 농업이 유통경제의 발달과 함께 도시 주변이나 장시 주변에서 더욱 번성하고 있다는 것이었다. 정약용은 이러한 지역적인 상업적 농업의 발달에 따른 대표적인 작물을 다음과 같이 열거하였다.

> 한전旱田에서 심는 곡물은 9곡穀뿐만이 아니다. 모시,
> 삼, 참외, 오이 따위와 온갖 채소, 온갖 약초를 심어서
> 진실로 농사만 잘 지으면 한 고랑의 밭에서 얻는 이득
> 이 헤아릴 수 없을 정도이다. 또한 서울이나 대도시 주
> 변의 파밭, 마늘밭, 배추밭, 오이밭에서는 10무에서 수
> 백 냥兩의 수입을 올릴 수 있다[무畝는 논으로 4두락斗落, 만전
> 萬錢은 100량兩: 원주]. 서북西北 지방의 연초煙草밭, 관북關北
> 지방의 삼밭, 한산의 모시밭, 전주의 생강밭, 강진의 고
> 구마밭, 황주의 지황밭은 모두 수전水田 상상등上上等의
> 수입과 비교하더라도 그 이득이 10배나 된다.[36]

이러한 상품작물을 재배하면 많은 수익을 얻을 수 있었고,
그 수익은 매우 비옥한 논의 수입보다 훨씬 많았다. 이와 같이
부농으로서 선진적 계층은 상품작물을 재배하여 장시에 내다
팔아서 부를 축적해 갔다.

상업적 작물로서 특히 상품화가 활발하게 진전되었던 것은
다름 아닌 쌀이었다. 이앙법의 발달과 수전이모작에 의한 생산
성의 향상은 쌀의 재배를 촉진했고, 당시 주곡主穀으로서 쌀이

소비되었기 때문에 수요가 증가해 갔다. 그리하여 18세기 중엽 이후에는 밭을 논으로 바꾸는 번답反畓 현상이 활발했는데, 이 또한 이러한 미곡의 상품화에 따라 나타난 현상이었다. 당시 경기도 여주驪州·이천利川 지역은 쌀을 일찍 재배하여 판매함으로써 수익을 올리고 있었던 곳으로 전해지고 있다. 또한 여주·이천 지역의 농민들은 상품上品의 미질米質로 인하여 서울에서의

그림 8 김홍도, 〈주막풍경〉, 국립중앙박물관

장시에서 농민을 포함한 인근 주민들과 행상들이 교역활동을 펼칠 때 주막에서 끼니를 때우거나 음주를 하기도 하였다.

수요가 높아 많은 이득을 보고 있었다.[37] 19세기 초의 기록인 서유구의 『임원경제지』에 의하면, 쌀은 장시에서 가장 많이 거래된 물품에 포함되어 있었다. 미곡이 주된 상품생산의 대상이 될 수 있었던 것은 당시 '반도지풍飯稻之風', 즉 쌀밥 먹는 풍조가 크게 일어나면서 다른 잡곡에 비해 고가高價로 거래될 수 있었던 쌀에 대한 수요가 급증하고 있었기 때문이었다. 또한 지역 간의 가격 차이가 현저한 시기에는 보다 나은 시세를 따라 다른 군현郡縣의 장시로 진출하여 팔기도 하고, 서울 근교에서는 서울까지 올라와서 매매하기도 하였다.

다음으로 의료衣料 작물의 상품화가 진전되었다. 특히 면포綿布는 고려 말 전래된 이래 생활의 중심적인 위치를 차지하고 있어서 상품화될 가능성이 다분했고 실제로 자가소비의 범위를 벗어나는 면포는 상품유통 체계에 편입되어 상품화되었다. 또한 시장을 의식하는 상품작물로 재배되어 전업적인 면농綿農이 등장하고 있었다. 일상생활에서의 주된 의류가 면포였다면, 견직물은 주로 부유층에서 소비하였고, 마포麻布와 저포苧布는 여름철의 의류나 상복喪服 기호품으로 소비되고 있었다. 면포가 이렇게 주된 의료품이 될 수 있었던 것은 면화가 가지고 있는 섬유로서의 우수성(내구성·변통성·보온성)에서 연유하는 것이었다.[38]

면포의 생산은 농가의 부업으로 왕성하게 나타나지는 않았고, 대신 전업적인 직물 생산업자에 의해서 생산된 것이 다수를 차지했지만, 상품으로서 직물이 농촌시장에서 유통되고 있는 상황은 전반적인 유통구조의 발달과 더불어 농촌경제의 상황을 보여 주는 것이었다. 면포는 당시 민들이 가장 많이 입는 의류였다. 조선 전기에는 면화를 자가경작하여 면포를 직조하여 옷을 입는 경우가 많았으나, 조선 후기에는 사회적 분업이 발달하면서 농업과 수공업이 분화하게 되었고 생산자와 소비자가 분리되면서 면포의 매매가 활발하였다. 면화 재배에는 많은 노동력이 필요하였고 특히 제초 작업에는 많은 노력이 필요하였다. 그리하여 생산비 중 노동력 구입에 들어가는 비용이 많았고, 그것을 지불할 수 있는 부농이 주로 면화 경작에 참여하였다. 면화를 많이 재배하는 지역은 경상도를 비롯한 삼남 지방과 황해도에 집중되었다. 그리고 모시는 충청도의 임천·한산, 경상도의 안동·경주·상주 등이 유명하였다.

한편 상업적 농업은 소채疏菜·약재藥材·남초南草 등을 대상으로도 영위되었다. 채소 재배나 약재 생산과 같은 상업적 농업이 수행되었다. 특히 채소는 도시 인근 지역에서 상품작물로 재배되었고, 18세기 이후에는 서울 교외에서 상업적 농업으로 크게 번성하였다. 앞서 15세기 말 경에 『사시찬요四時纂要』를 초록

하면서 조선의 농법을 적극적으로 수용하여 편찬한 『사시찬요초四時纂要抄』에서 일부 채소에 대한 재배 기술이 설명되어 있을 뿐이었다. 그러다가 17세기 중엽 이래 채소의 재배법이 적극적으로 농서農書에 수록되었다. 허균許筠은 1618년 경에 『한정록閑情錄』을 완성하면서 「치농편治農編」에 비록 중국 농서 『도주공치부기서陶朱公致富奇書』를 발췌한 것이기는 했지만 채소 재배 기술에 대한 내용을 정리하고 있었다. 허균은 택지론擇地論에서 수륙 교통의 요지, 물산이 풍부한 평야지대에 자리를 잡고 사업을 경영해야 함을 주장하면서 상업적 농업을 강조하고 있었다. 그러한 상업적 농업에서 중요한 대상이 되는 것은 채소와 같은 상품작물이었다.[39] 특히 채소 재배가 농촌경제에 영향을 준 것은 자급자족할 수 없는 도시 지역에서 채소가 상품작물로서 매매되고 있다는 점이었다. 18세기 이후 서울의 교외의 상업적 농업은 특히 크게 발전하였다.[40]

한편 남초南草(담배)도 기호식품으로서 농민들에게 광범한 이득을 준 상품작물로 자리를 잡아 나갔다. 임진왜란 무렵 조선에 전래된 남초는 곧바로 널리 기호품으로 애용되었고, 『농가월령農家月令』에서도 남초를 재배하는 기술을 설명하고 있었다. 남초는 특히 농민들에게 광범한 이득을 준 상품작물이었다. 17세기 후반 남초는 심지어 의약품으로 간주되기도 하였다. 남초에 대한 수요가 격증하면서 17세기 중엽 이후 재배 지역이 증대되고 산지가 형성되면서 교역의 증대되었다. 18세기 초중엽이 되면 호남의 진안嶺安·장수長水 등이 연초산지로 확고하게 형성될 정도였다. 나아가 18세기 중후반에는 호남 지역과 서북 지역이 남초 재배의 주산지를 형성하게 되고 점차 전국적인 연초 주산지의 형성이 나타나고 있었다.[41] 남초는 면포, 미곡과 더불어 전국의 절반 이상의 장시에서 취급되는 상품이었다. 이는 후대의 지적이기는 하지만 정약용이 남초 재배의 소득은 최상급의 비옥도를 보이는 수전에서의 그것보다 10배나 된다고 한 것처럼 남초의 재배가 커다란 이득을 주기 때문에 나타나는 현상이었다. 이러한 남초 재배의 확산으로 말미암아 비옥한 농지가 급속하게 연전煙田(연초밭)으로 전환되는 상황에 대한 우려가 국가적으로 문제가 되는 상태에까지 이르고 있었다. 한편 이러한 남초 재배의 확산은 농사가 부업적인 위치에서 전업적인 위치로 전환하고 있음을 말해 주는 것이었고, 상업적 농업으로의 발전을 표현하는 것이었다.

조선 후기에 상업적 농업이 가장 발전한 부문은 인삼을 비롯한 약초 재배였다. 황주 지방의 지황 재배업과 전주 지방의 생강 재배업은 일찍부터 알려져 있었고, 그중 대표적인 것은 인삼 재배업이었다. 그리고 약재로서는 지황地黃·홍화紅花 등이 교역 과정에서 커다란 이득을 주자 상품작물로 재배되었다. 그리고 18세기 중엽 이후에 인삼을 포전圃田에서 재배하는 가삼家蔘 재배가 성행하게 되는데, 가삼은 조선 국내의 상품화폐경제에서 주요한 상품으로 공급되고 소비되었다.

가삼家蔘은 본래부터 상품으로 생산된 인삼이었다. 또한 가삼은 국내 소비뿐만 아니라 국외로의 수출도 중시되어 수요가 크게 증가하였다. 인삼 산지로는 개성과 강계江界가 유명하였다. 또한 많은 자본을 지닌 개성 상인들이 삼포蔘圃경영에 적극적으로 참여하면서 인삼 재배업은 기업적인 형태로 발전하였다. 재배 기간이 4-6년은 되어야 수확할 수 있었고, 아울러 노동력이 많이 들었으므로 자본을 많이 가진 자들이 참여할 수 있었던 것이다. 인삼은 대중국 무역에서 주요한 결제수단이었기 때문에 당시 공무역과 사무역에서의 수요가 격증하였고,[42] 이에 대한 반응으로 재배 기술도 발달하고 경작 면적도 증대하였다.

가삼을 재배하여 채취한 다음 홍삼紅蔘으로 가공하는 과정이 본격화되었다. 특히 개성 사람들이 가삼을 재배하는 삼포 운영에 그치지 않고 홍삼을 제조하였던 것이다.[43] 개성의 인삼 재배자들은 19세기에 접어들면서 단순한 가삼의 재배 수준이 아니라 여기에서 한 걸음 더 내딛었다. 삼상蔘商을 겸하고 있던 개성 지역의 가삼 재배자들은 19세기 중반으로 접어들면서 대

중국교역의 요처라는 이점을 배경으로 삼아 가삼을 재배하는 데에서 한걸음 나아가 홍삼을 제조하여 이를 무역품으로 독점적으로 공급하고 있었다.

이와 같이 상품작물을 재배하는 상업적 농업은 확대되어 갔다. 그에 따라 상품작물의 재배와 판매에 따른 이윤의 보장으로 점차 특정 작물의 지역분화와 주산지 형성이 이루어졌다. 이러한 상품작물의 형성과 발전은 모든 지역에서 또는 모든 농업생산 부문에서 동시에 진행된 것은 아니었다. 지역에 따라 다르지만, 대체로 곡물 이외의 일부 특정 작물이 먼저 상품작물이 되고 곡물의 상품화는 서서히 진행되었다. 대체로 18세기 중엽 이후부터 19세기 초에 걸쳐 특정 작물에 대한 지역분화 현상이 나타났다. 상품작물의 재배 지역에서는 농민들이 주곡작물을 재배하지 않고 특정 작물을 재배하여도 생활을 영위할 수 있었으며, 나아가서는 상품작물 재배를 통하여 부를 축적하여 갔다. 상업적 농업의 확산은 유통경제의 발달과 깊은 관계를 맺고 나타난 것이었고, 결국에는 농업경영의 변동을 야기하였다. 미곡의 상품화라는 유통경제의 발달은 한전을 수전으로 바꾸는 번답反畓의 경향을 촉진시켰고, 남초의 상품화가 촉진되면서 한전의 비옥한 전토가 소득이 큰 남초 경작지로 전환되고 있었다.[44]

4

시비 기술의 지역적 특색

조선시대의 농작물 재배 방식은 토지의 지력地力만 이용하는 단계가 아니었다. 조선 초기에 이미 상당한 수준에서 시비施肥를 수행하고 있었다. 조선시대 시비 작업을 전반적으로 가리킬 때 사용한 용어가 분전糞田이었다. 이 '분전'이라는 용어에서 '분糞'은 기름지게 한다는 의미로 사용된 것이고, 결국 분전은 시비와 동의어라고 할 수 있다. 조선 초기의 시비법은 크게 시비에 사용하는 재료에 따라 구별할 수 있다.

　시비는 비료를 주는 위치에 따라 전답 표면만 시비하는 경우와 전답 전역에 걸쳐 시비하는 경우로 나뉜다. 그리고 시비하는 시기에 따라 기비基肥, 추비追肥로 나뉜다. '기비', 즉 밑거름은 파종, 이앙을 하기 전에 논밭에 넣어 주는 거름, 또는 그렇게 거름을 넣어 주는 일을 말한다. 그리고 추비追肥는 기비 이외에 작물의 생육상태에 맞춰 사용하는 비료로, 웃거름이라고 말한다.

　우리나라 농업발달에서 고려 말 이전의 시비 기술을 아직 알기 어렵다. 조선 초기에 편찬된 『농사직설』을 통해 당시 가축분, 초목草木 등 다양한 시비 재료를 활용하여 시비하였다는 점을 알 수 있다. 논에서 활용하는 시비 재료와 밭에서 사용하는 시비 재료를 달리하기도 하였다. 그리고 조선 중·후기 이후가 되면 작물이 자라는 도중에 시비를 해 주는 추비追肥도 많이 채택하였다.

　1429년에 편찬된 『농사직설』에 나오는 비료의 종류는 다종다양한 것이었다. 별다른 가공 과정 없이 자연에서 채취한 초목草木 등이나 사람의 배설물과 같은 시비 재료를 농작물 시비에 이용할 때, 이러한 비료를 자연비료自然肥料 또는 생분生糞이라고 할 수 있다. 이와 반대로 자연이나 인간에서 채취하였지만 농작물에 투하하기 전에 상당한 시간과 노동력을 투하해야 하는 비료를 인공비료人工肥料 또는 숙분熟糞이라고 칭할 수 있다.

　자연비료와 인공비료는 각각 본래의 시비 재료에 따라 세분된다. 자연비료에는 풀[草], 나무[木], 흙[土, 莎土], 가공하지 않은 인분人糞과 우마분[牛馬糞]으로 나누어진다. 인공비료에는 오줌과 재를 섞은 뇨회尿灰, 인분뇨, 소와 말의 분뇨 등과 초목을 태운 재, 초목 등을 섞어 잘 부숙시킨 숙분熟糞, 숙분과 뇨회를 섞은 분회糞灰, 우마의 우리에 초목을 넣어 주고 우마가 잘 밟게 하는 동시에 우마분뇨糞尿와 섞이게 하여 만든 구분廐糞, 작물 자체를 시비 재료로 활용하는 작물비作物肥 등이 포함되었다. 수전에서 경작하는 벼와 한전에서 재배하는 여러 가지 잡곡이 모두 시비 대상이었다. 그리고 시비 시기는 종자에 시비 재료를 묻히는 방식을 채택한 만도晚稻 건경乾耕을 제외하고 다른 모든 작물의 경우 초경初耕한 후 파종하기 전으로 설정되어 있었다. 기경에서 파종으로 이어지는 전반적인 작업 과정의 한 부분으로 시비법이 포괄되어 있었다.

16세기 후반에 접어들면서 시비법施肥法에서 나타나는 획기적인 변화는 바로 인분의 이용이 더욱 집약화된 점이었다.[45] 인분을 농경에 적극적으로 사용하는 시비법을 수록한 농서로 등장하는 것이 16세기 후반의 경상도 상주尙州 지역의 농법을 보여 주는 『농가월령』이었다. 『농가월령』을 토대로 16세기 후반 상주 지역의 농법에서 시비법이 어떻게 구성되었는지 살펴보자. 특히 고상안은 비료를 만들기 위한 조분造糞의 중요성을 특히 인분과 관련해서 강조하고 있었다.

수도水稻의 시비법에서 가장 주목되는 것은 앙기에 대한 시비가 제일 강조되고 있는 점이었다. 『농가월령』 시비법에서 수

장군은 거름을 모아서 논밭으로 운반할 때 사용한 농기구로, 나무쪽을 둥글게 이어붙이고 대나무로 태를 만들어 고정하는 방식으로 제작하였다.

도 시비 방식은 기본적으로 기비에 그치는 것이었다. 전토에서 수도가 자라고 있을 때 시비하는 모습은 전혀 보이지 않는다. 이른바 추비追肥로 파악할 수 있는 방식 자체가 전혀 없다. 그리고 『농사직설』에서 강조된 만도 수경에 대한 강화된 시비의 모습도 보이지 않는다. 이러한 서술 내용은 월령식 농서라는 특성에서 연유한 것이다. 월별 작업이 연속적으로 이루어진다는 것을 기본 전제로 삼고 있기 때문에 앞서 자세히 설명한 시비 작업의 내용을 다음 절기 등에서는 생략하고 있기 때문이었다.

절기별 한전작물 시비 작업을 살펴보면 우선 맥류의 시비 작업이 제일 중요하게 취급되고 있었다. 그런데 8월중 추분의 추모맥을 파종하는 기사와 직접 연관되는 시비 작업이 누락되어 있다. 들깨 모종을 이식하는 데에도 분회糞灰와 같은 구하기 어려운 시비 재료를 사용하는 마당에 농가의 접식 곡물(늦봄에서 초여름 사이의 먹을 것이 귀한 시기를 이어주는 곡물)로 유용성이 대단한 모맥을 경작하는 데 시비가 수반되지 않았다고 보기 어렵다.

『농가월령』 내용을 기사 내용 그대로 살필 때 가장 중요한 작물로 평가되는 춘경 모맥의 경우를 보면 분회, 재灰, 사토沙土, 우마분 등을 기경 후 파종 전 또는 파종시에 시비 재료로 넣어 주고 있다. 춘경 위주의 맥 경작이 아니라면 당연히 추모맥의 경우도 춘경 모맥과 동등한 정도의 시비가 병행되었을 것이다. 또한 퇴비 만드는 작업이 거의 대부분의 농절 기간에 수행되고 있는데 이렇게 마련한 퇴비를 추모맥에 넣어 주지 않았을 리도 없다. 따라서 추분에 추모맥을 파종하는 과정에 병행된 시비는 우수와 경칩에 소개된 시비 작업 내용을 참고하여 거의 동일하게 진행되었다고 추정할 수 있다.

17세기 중반 무렵 지역마다 차이를 보이는 시비 기술의 일부를 『농가집성』에 들어 있는 증보를 거친 『농사직설』의 기사에서 찾아볼 수 있다. 벼를 재배할 때 특히 조도早稻(올벼)의 앙기秧基(못자리)에 거름을 넣어 주는 기술을 소개한 부분이다.

재灰와 인분人糞을 섞어서 앙기秧基에 펴 주는데 가령

5마지기 다년 앙기이면 분회糞灰를 3석으로 하고, 처음 만든 앙기이면 분회를 4석으로 하는 것이 적중適中이다. 분회를 섞을 때 지극히 미세하고 고르고 균등하게 해야 한다. 만약 거름 덩어리가 부숴지지 않았는데 곡물이 그 위에 떨어지면 도리어 떠버려서 썩게 된다[경상좌도 사람이 행한다].[46]

호마胡麻의 껍질을 부수어 외양간에서 [우마에게, 인용자] 밟혔다가 쌓아 두어 겨울이 지난 것과 목화씨[木綿子]를 외양간 오줌과 섞은 것은 모두 좋다[우도右道 사람이 행한다. 절기가 일러 풀이 없을 경우이면 좋다. 그리고 만도晩稻에도 또한 시행한다].[47]

두 사료 가운데 위의 것은 재와 인분을 섞은 분회糞灰를 넣어 주는 분량에 대한 주의사항을 주지시키는 것인데 경상좌도 사람, 즉 경상좌도의 농민이 활용하는 방법이라고 소개되고 있다. 아래 기사는 위 기사와 바로 이어지는 것이기 때문에 기사 맨 뒤에 나오는 우도 사람은 경상우도 사람으로 보는 것이 마땅할 것이다. 호마의 껍질을 말우리나 소우리에 넣었다가 꺼내어 쌓아 둔 것과 목면의 씨를 마구간의 오줌과 섞은 것이 앙분怏糞 즉 앙기 시비에 적당하다는 것이었다.

17세기에서 18세기에 걸쳐 나타난 시비법의 발달은 몇 가지 측면에서 더욱 심화된 양상으로 진행되었다. 우선 시비 재료의 측면에서 인분 이용이 다양화되고 이것을 원료로 한 조비가 증가하고 있었다. 분회를 만들 때뿐만 아니라 야초野草나 호마각胡麻殼 등과 섞어서 비료를 만드는 방식에 인분을 이용하고 있었다. 또한 맥작의 성행을 반영하여 맥전에 시비하기 위한 조비 방법이 상당수 개발되고 있었다.

두 번째로 시비 대상의 측면에서 특기할 만한 것은 수전에서 나타난 이앙법의 확산과 보급에 결부시킬 수 있는 시비법의 발달이 이루어졌다. 즉 이앙법의 기술 체계의 발전에 발을 맞추어 앙기에 대한 시비 방식이 크게 다양화되고 강조되면서 바로 수도작에서 앙기의 시비 재료로 분회가 사용되고 있었다. 본래 『농사직설』에서는 한전용 비료였던 분회가 수전에서는 이앙법의 확산과 궤를 같이 하면서 앙기의 시비원으로 진출하였다.

세 번째로 시비시기의 측면에서 기경하고 파종하는 경종의 중간 단계로 자리잡혀 있던 분전糞田이 점차 독립적인 농작업으로 자리를 차지하면서 변화와 발전이 나타나고 있었다. 즉 작물이 경작지에서 자라고 있는 동안에도 시비 재료를 넣어 주는 추비가 확산되고 있었다. 17세기 초반에 편찬된 『농가월령』은 잡령雜令 항목에서 시비 기술을 소개했다. 월령식 서술에 포함시키기 어려운 시비에 관련된 조목을 종합하여 잡령 항목을 설정한 것이었다. 18세기 초에 홍만선洪萬選이 편찬한 『산림경제』 치농治農은 시비 기술과 연관된 여러 조목을 하나로 묶어 독립시키고 수분收糞이라는 항목을 설정하였다. 즉 택종擇種과 경파耕播 중간에 수분이라는 시비 기술에 관련된 항목을 새롭게 집어 넣고 있었다. 『산림경제』 치농 이후 농서 편찬의 기본적인 원칙으로 시비 기술의 독립항목화가 성립되었다.

작물을 경작하는 데에 있어 시비의 문제는 한 해 또는 두 해씩 경작지를 쉬게 하면서 경작하는 휴한농경休閑農耕에서 매년 계속해서 같은 전지를 경작하는 연작상경連作常耕을 실행하기 위한 전제의 하나였다. 시비 작업은 전답의 토지생산성과 노동생산성을 확보하고 계속적인 토지이용에 따른 지력 회복을 위하여 비료재료를 만들어 경작 과정 중에 조달하는 농작업이었다.

조선 후기 시비 기술의 현황을 살펴보면서 지적할 수 있는 것은 시비 기술의 지역적 특색을 찾아볼 수 있다는 점이다. 시비법의 지역적 성격의 구체적인 내용을 담아내기에는 아직 연구가 일천한 상황이지만 18세기 후반 정조에게 올려진 응지농서應旨農書에서 그러한 전형적인 사례를 찾아볼 수 있다. 당시 정조의 왕명(지旨)에 호응하여(응應) 올린 농서라는 점을 착안하여 응지농서라고 이름 붙일 수 있다. 정조는 각 지역의 농서를 정리하여 올리거나 농정을 개선할 방안을 제시하도록 명령을 내렸다.

먼저 충청도 공주 지역의 생원 유진목柳鎭穆이 올린 응지농서에서 시비 기술의 특징적인 모습을 찾아볼 수 있다. 유진목의 응지농서 전문全文은 아직 발굴되지 않은 상태이지만, 비변사의 검토 보고서, 정조의 비답批答(상소에 대한 왕의 응답) 등에서 그의

그림 10 『열성어제列聖御製』, 「권농정구농서윤음」, 서울대학교 규장각 한국학연구원

정조가 농정에 도움이 되거나 새로운 농서를 편찬하는 데 도움이 되는 상소문, 또는 책자를 만들어 올릴 것을 명하는 내용으로 여기에 호응하여 많은 사람이 응지농서를 올렸다.

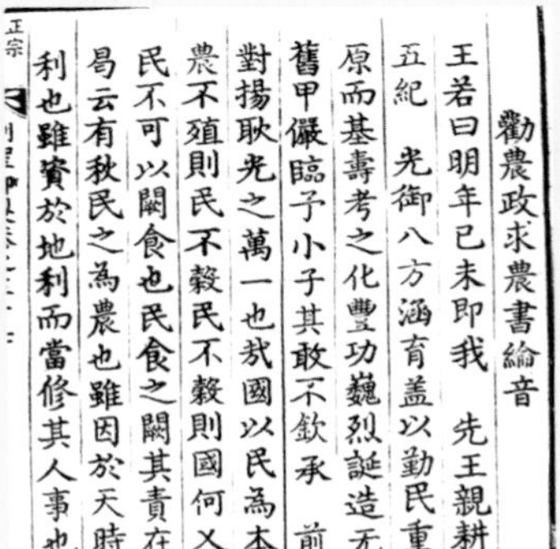
勸農政求農書綸音
王若曰明年己未即我 先王親耕耤田之年也
五紀 先御八方涵育蓋以勸民重農為治教之
原而基壽考之化豐功巍烈誕造无疆太歲星周
舊甲儼臨予小子其敢不欽承 前寧人遺志以
對揚耿光之萬一也抑國以民為本民以農為生
農不殖則民不穀民不穀則國何乂予食雖可減
民不可以闕食也民食之闕其責在農農若不勤
曷云有秋民之為農也雖因於天時而當盡其地
利也雖資於地利而當修其人事也撫五行之交

응지농서 내용을 어지간히 확인할 수 있다. 그 가운데 분전糞田, 즉 시비 기술에 대한 조목이 여럿 보인다. 특히 정조는 비변사의 회계에 내린 비답에서 유진목이 제시한 시비 기술 몇 가지를 주목하여 소개한다. 그것은 버드나무 가지, 포니浦泥와 재를 섞은 것, 지붕의 썩은 짚단 등을 이용하는 방식이었다.

정조는 아주 효과가 뛰어난 묘방妙方으로 간주하면서 사람들이 수행하지 않는 것을 아쉬워했다.[48] 유진목의 응지농서에는 소와 말이 (우리에서) 밟은 것牛馬之所踏, 부엌이나 온돌에서 얻은 재竈突之取灰, 늦은 봄의 얇은 풀晩春之細草, 초여름의 어린 잎初夏之嫩葉 등을 시비 재료로 활용하도록 권장했다.[49] 이렇게 등장하는 몇 가지 시비 재료는 농가에서 쉽사리 구할 수 있는 것이지만, 사람들이 잘 이용하지 않고 있다는 정조의 지적에서 보듯이 다른 곳에서는 별달리 많이 이용하지 않는 것이었다. 나름대로 공주 지역의 지역성을 담은 시비 재료로 평가할 수 있을 것이다.

시비법의 경우 18세기 후반에 편찬된 많은 농서에서 각각 독특한 기술적인 내용을 보여 주고 있었다. 전라도 담양 지역에서 사족으로 이름을 떨치고 또한 농서를 만들어 정조에게 올렸던 남극엽의 『농서부책』이라는 농서에 보이는 시비법을 전형적인 사례로 살펴볼 수 있다.

남극엽의 『농서부책』에서 시비에 관련된 내용은 여러 항목에 나뉘어 실려 있는데 우선 전답을 갈고 다스리는 방법을 정리한 '경치耕治' 항목에 시비법에 관한 내용이 들어 있다. 기경 작업과 파종 작업이 본래 시비와 거의 맞물려서 수행되는 것이었기 때문에 경치 항목에 시비 관련 내용이 들어 있는 것 자체는 매우 자연스럽다고 할 수 있다. 남극엽은 기경 작업의 원리에 대해서 설명하면서 조습燥濕의 마땅함을 얻는 것을 가장 강조한다. 마르거나 습한 것을 고르게 조절할 수 없는 경우라면 차라리 마를지언정 습해서는 안된다고 주의를 주고 있다. 이렇게 기경하여 전토를 마르게 만드는 것을 권유하면서 낮고 습한 땅에 수초를 엄경掩耕하면 풀을 시비하는 것과 같은 효과를 거둘 수 있다고 설명한다. 엄경이란 기경하면서 전토의 흙덩이를 뒤집어 원래의 표면이었던 부분이 땅속으로 들어가게 하는 것인데 이렇게 하면 사실상 땅 표면에 나와 있던 풀줄기들이 땅속으로 묻히고 풀뿌리는 생장이 곤란하게 되면서 자연스럽게 풀들이 숨을 멈추게 된다. 낮고 습한 전토를 엄경하면서 수초水草를 흙 속에 묻어 시비효과를 거두는 방식은 담양 지역의 농업환경에서 만들어진 독자적인 방법으로 볼 수 있다. 이와 더불어 남극엽은 마른 전답을 갈아 주는 한경旱耕을 하게 되면 시비를 하지 않아도 많은 수확을 거둘 수 있다는 설명도 덧붙이고 있다. 기경 작업을 많이 하게 되면 시비의 효과를 거둘 수 있다는 주장은 다른 농서에서도 보이는 것이다.

남극엽의 농서에서 시비법을 본격적으로 담고 있는 항목은 '분전'이다. 분전 항목에 제시된 시비법이 크게 2가지인데, 그 가운데 하나가 초회草灰를 만들어 시비하는 것이다. 여린 풀을 베어서 쌓아 두고 썩게 되면 사회死灰(불기가 없어진 재), 뇨회尿灰(오줌과 섞은 재)와 섞어서 보관하였다가 기경한 뒤에 전토에 펴주는 방식이다. 가늘고 여린 풀을 베어서 쌓아 두었다가 쌓이게되면 여러 경로로 획득한 재와 섞어 보관해 둔다. 그리고 첫 번째 땅 갈이를 한 다음에 전답에 뿌려 주고 햇볕에 마른 다음에다시 한번 두 번째 땅 갈이를 하는 것이다. 이렇게 하면 좋은 수확을 기대할 수 있다고 정리하고 있다.

분전 항목에서 자세히 설명하고 있는 시비 기술은 두 번째로 소개하고 있는 자분법煮糞法이다. 남극엽은 자분법이 가뭄을이겨 내게 해 주는 방법이라는 것을 강조하고 있다. 그가 소개하고 있는 자분법은 중국 농서인『제민요술齊民要術』에 소개되어있는 분종법糞種法의 원리를 활용하고 이를 크게 변화시킨 기술내용을 갖고 있다고 평가된다.

본래『제민요술』에 보이는 분종법이란 소나 양 등의 뼈를 삶아 낸 즙으로 작물의 종자에 묻혀 주는 일종의 종자 시비 기술이었다. 시비 재료를 종자에 스며들게 하는 것으로 간주하고 '적실 지潰' 자를 붙여 지종법潰種法이라 부르기도 하였다. 『농사직설農事直說』이 편찬된 이후 조선에서 편찬된 모든 농서에 나오는 분종법은 작물의 종자에 시비 재료를 묻히거나 흡수시키는 분종糞種 원리를 그대로 적용한 것이었다. 그런데 남극엽이 제시하는 자분법은 종자에 시비 재료를 묻히는 것이 아니라 전답에 넣어 줄 잘 익힌 숙분을 획득하는 기술이었다.

남극엽은 우선 숙분을 만드는 데 불을 이용하여 삶아서 익혀야 한다고 설명한다. 이렇게 익히면 가뭄을 이겨 낼 수 있게 해 준다는 것이다. 그리고 삶아서 만든 똥 거름으로 전답에 시비하여 잘 익히면 그 이로움이 백배나 된다고 설명한다. 이와 같이 똥을 삶아서[煮糞] 익힌 거름[熟糞]을 만드는 것이 매우 효과적인 시비 기술이라고 강조하고 있다. 이와 같은 설명에 뒤이어 다음과 같이 여러 동물의 똥과 뼈를 삶아서 숙분을 만드는 방법을 소개한다.

[소, 말, 사람 각각의 똥[糞]에 각각의 뼈를 넣어 같이 삶아 준다. 소똥에는 소뼈를 사용하고, 말똥에는 말뼈를 사용하는 것이다. 사람 똥에 [넣을] 사람 뼈가 없으면 터럭을 조금 넣는 것으로 대신한다. 무릇 종자를 뿌리는 자

가 가령 1구區에 숙분熟糞 한 되를 사용하면 그 이로움
이 백배이다.[50]

　이와 같이 소똥, 말똥, 사람 똥에 각기 소뼈, 말뼈, 사람 터럭
을 넣어 삶아서 만든 액체 상태의 비료를 사용하는 방식이다.
액비液肥를 작물 경작에 사용하는 것은 『임원경제지』의 편찬자
서유구가 자신이 경험한 시비 기술의 하나로 소개한 바 있었다.
서유구가 지은 『행포지』을 보면 금화산장金華山莊(서유구가 머물던
저택 이름)에서 지낼 때 보리와 밀 가릴 것 없이, 그리고 전답의 비
옥함이나 마르고 습한 것도 따질 것 없이 액비液肥를 넣어 주는
것이 가장 좋은 방식이라고 주장한 바 있다. 서유구는 액체 상
태의 비료가 고체 상태의 비료에 비해서 훨씬 효과가 많다고 강
조하였다 이와 마찬가지로 남극엽이 강조한 자분법은 바로 액
비를 만드는 방법을 제시하는 것이라고 할 수 있다. 또한 자분
법으로 획득한 비료를 시용하였을 때 그 이로움이 매우 크다고
언급하고 있다는 점에서 실제로 활용하던 방법으로 추정된다.

5

농민들이 활용한 농기구

조선 전기 이전에 이미 기경起耕, 숙치熟治, 파종播種, 제초除草, 수확收穫 등 각각의 개별적인 농작업마다 대응하는 농기구가 성립되어 있었다.[51] 조선 전기 15세기 농법의 양상을 살피는 작업에서 빼놓을 수 없는 부분이 바로 농기구 부분이다. 농기구는 농업생산활동에 사용하는 직접적인 생산도구·생산수단을 가리킨다. 농민들은 구체적인 농사현장에서 여러 가지 생산도구·생산수단을 축력畜力이나 인력人力을 주요 동력으로 이용하면서 사용하였다. 농기구의 구조와 구성 체계 그리고 재질 등의 측면에서 나타나는 일정한 변화와 발전은 곧장 농업생산력 전반의 발달을 가져오는 요인이었다.[52] 한국사에서 농업생산에 철제 농기구를 활용하던 단계로 들어선 이래 농기구의 기본적인 재

질은 철제鐵製의 틀을 벗어나지 않았다.[53]

조선 전기 농기구를 본격적으로 살피기에 앞서 한국사에서 농업생산활동에 동원되는 농기구를 연구하기 위한 방법론은 몇 가지 방향에서 검토해 본다. 우선 시간적인 측면과 개별 농기구에 초점을 맞추고, 각 농기구가 시간적인 변화과정 속에서 어떻게 변천해 나갔는가의 문제를 해결하는 방법을 찾아볼 수 있다. 농기구 하나하나의 연원과 발달이라는 측면을 중시하여 농기구가 생성되고 점차 변화하는 전체적인 과정을 파악하는 방법이라고 할 수 있다. 말하자면 농기구에 대한 통시적通時的인 접근법이라 할 것이다.[54]

두 번째 방법은 어느 특정한 시기를 설정하고 농작업의 구성 요소와 농기구의 관계를 검토하여 그 시기 농작업별 농기구 구성 체계를 정립하고, 이것을 다른 시기의 것과 비교해 나가는 방법이다. 이러한 작업을 통하여 각 시기의 농기구 구성 체계의 특질을 살펴 나갈 수도 있을 것이다. 이러한 방법은 농기구를 공시적共時的으로 접근하는 방법이라 할 것이다. 여기에서는 앞서 제시한 두 가지 연구방법 가운데 후자, 즉 특정시기 15세기를 중심으로 각 농작업별로 대응하는 농기구가 모여서 전체적으로 형성하는 농기구 체계를 검토하는 방법을 동원하여 살펴보려고 한다. 이때 주요하게 검토할 자료가 바로 1429년에 편

찬된『농사직설農事直說』이다.[55]

  15세기 조선의 농업생산에 기본적인 기경용起耕用 농기구로 사용된 것은 쟁기였다. 그런데도『농사직설』의 본문 속에는 쟁기를 의미하는 '려犁'라는 글자가 하나도 보이지 않는다. 하지만 '우경牛耕', '엄경掩耕' 등 기경을 의미하는 단어 용례와 "두 이랑 사이를 천경淺耕하여 대두를 파종하고, 양맥을 수확한 다음 맥근麥根을 갈아서 두근豆根을 덮는다"라는 표현은 쟁기를 기경작업에 일반적으로 활용하고 있음을 짐작할 수 있다.

그림 11 둥근술 눕쟁기, 민속박물관

한국의 쟁기는 소를 이용하여 논과 밭을 가는 데에 사용하는 도구이다. 일꾼이 자부지(쟁기를 부리는 부분)를 밀어 술(보습을 붙인 쟁기의 바닥 부분)을 세우면 선쟁기처럼 쓸 수 있고 눕히면 곧은술 눕쟁기처럼 사용할 수 있다.

쟁기의 구조 가운데 볏이라는 부품이 있다. 볏의 기능은 쟁기날인 보습이 파 올린 흙덩이, 즉 쟁깃밥을 완전히 뒤집어 토양의 전면적인 기경을 가능하게 해 주는 것이었다. 쟁기날이 들어가는 깊이에 자리하고 있는 하층의 토양을 상층으로 끌어올리는 데 절대적으로 필요한 부속품이 바로 볏이었다. 조선 초기에 활용한 쟁기에도 볏이 붙어 있었다. 『농사직설』에 무성하게 자라고 있는 녹두를 갈아엎어 땅속에 밀어 넣고 작물비作物肥로 활용하는 방안을 제시한 것이 있는데, 이러한 작업에 활용하는 쟁기에 볏이 달려 있지 않았다고 보기 어렵다.

논과 밭을 기경한 뒤에 수행하는 숙치熟治, 마평摩平 작업에 활용된 대표적인 농기구는 써레[鄕名 所訖羅]와 쇠스랑[鐵齒擺](鄕名 手愁音)이었다. 써레는 특히 논에 물을 채운 다음 평탄하고 고르게 만들 때 이용한 농기구이다. 그리고 쇠스랑은 전답을 정돈할 때 사용할 뿐만 아니라 농가에서 다양한 작업을 할 때 이용한 농기구였다. 농가에서는 삽鍤, 畬이나, 가래도 활용하여 전답의 숙치 마평 작업을 진행하고 있었다. 특히 가래는 수전의 논고르기 등 전토 정리작업에 대략 3인이 1조가 되어 작업을 수행할 때 활용된 농기구이다.

제초는 작물의 생장을 저해하는 잡초를 제거하는 것이 주된 목적이다. 또한 잡초는 아니라고 하더라도 제대로 농업생산에 반영되지 않는 이른바 쭉정이를 없애는 것도 필요한 작업이다. 『농사직설』에서 잡초 제거와 쭉정이를 없애는 작업은 수운手耘이라고 하여 손으로 수행하는 경우도 있지만, 기본적으로 호미를 농기구로 이용하였다. 제초작업은 가뭄이 들기 시작하는 시기라 하더라도 멈추어서는 안 되었다. 물을 채운 수전에서 제초작업을 수행하다 보면 온 몸이 진흙으로 더럽혀지기가 일쑤였다. 제초가 고된 농작업이기 때문에 호미를 활용하는 작업이 마무리된 다음 호미씻이라는 성대한 행사가 벌어졌던 것이다. 당시의 농민들은 기본적인 제초용 농기구인 호미를 손에 들고 앉는 자세로 제초작업을 수행하였는데, 현재 통용되는 호미와 형태나 기능면에서 동일하였다.

　『농사직설』의 수확용 농기구는 낫이었다. 미리 풀을 베어 시비재료를 만들도록 권장할 때 등장하는 농기구도 자루가 긴 낫이었다. 낫을 수확 작업뿐 아니라 산야의 초목을 베어 내는 작업에 이용하는 것은 아주 오래전부터 내려온 전통적인 관행이었다. 낫으로 작물을 수확한 다음 이렇게 획득한 작물을 사람이 식용食用으로 이용하려면 몇 단계 작업을 더 거쳐야만 했다. 농사일의 고단함은 이렇듯 땅을 기경하는 순간부터 수확한 이후까지 이어지는 것이었다. 농민의 수고로움이 곡식의 한 알 한 알에 배지 않을 수 없었다.

제초 도구인 호미이다. 사진의
호미는 역삼각형의 크고 긴 날
에 둥근 나무자루를 박았다.

곡물을 수확할 때 사용하거나
풀, 나무를 베는 데 쓰는 도구
이다.

수확한 곡물은 일련의 도정작업을 거쳐야 사람이 먹을 수 있는 형태를 띠게 되었다. 우선 곡물의 낟알을 떨어내는 작업을 수행하고, 그런 다음 낟알에서 겉껍질과 속껍질을 차례로 벗겨내는 작업이 필요하였다. 전자는 타작打作이라 부르고, 후자는 구체적으로 도정搗精이라 불렀다. 타작에 동원되는 농기구는 여러 가지가 있지만 도리깨를 많이 이용하였다. 그리고 도정작업에 사용한 농기구는 맷돌과 절구 두 가지 계통으로 나뉘어진다. 먼저 맷돌은 곡식의 껍질을 벗겨 낼 때 사용할 뿐 아니라 도정한 알곡을 빻을 때에도 사용하였다. 맷돌은 기본적으로 인력에 의존하는 농기구였지만, 축력으로 소의 힘을 이용하면서 연자매라는 농기구로 발전하기도 하였다. 다음으로 절구계통에 속하는 돌절구와 나무절구도 맷돌과 마찬가지로 이용되었다. 절구계통에는 지렛대의 원리를 이용하되 인력人力에 의지하는 디딜방아와 수력水力을 사용하는 물방아가 있었다. 물방아의 원리를 좀 더 발전시켜 수력을 효과적으로 이용하는 물레방아도 도정에 채택되었을 것으로 생각된다.

조선 후기 농업생산활동에 동원된 농기구農器具의 구성은 전체적인 측면에서 이전 시기의 그것을 그대로 유지하고 있었다. 그리고 17세기를 거쳐 18세기 후반이라는 시점에서 찾아볼 수 있는 농기구와 농작업의 결합 체계는 이전 시기에 정립된 농기구 구성체계의 범위 내에서 존재하고 있었다. 그렇지만 17세기 이후 점차적으로 철제 농기구와 농작업의 구성 체계에서 농기구의 다양화와 발전이 나타났다. 실제의 농업생산현장에서 농기구를 다루는 농민들은 다년간의 노동 경험을 통해 농기구의 구조와 형태 등에 개선을 더하고 있었다. 그 결과 농기구의 형태가 다양하게 나타나는 것과 동시에 농기구가 다양한 용도로 이용되었다. 이러한 다양화의 증대와 이에 따른 농기구의 기능 향상은 생산활동의 측면에도 영향을 주었다.

각 지역의 지역적인 농법이 농서農書를 통해 본격적으로 정리되는 과정을 겪고 있었던 것과 마찬가지로 농기구의 지역적 특성도 본격적으로 당시에 만들어진 농서에 반영되기 시작하였다. 또한 실제의 농작업과 깊이 연관된 농기구가 특정 작물의 특정한 농작업에 특정한 농기구가 결합하는 특정 농기구가 등장하는 미묘한 변동도 나타나고 있었다. 17세기에 들어서면 두차례에 걸친 전란戰亂의 후유증을 극복하고, 새롭게 증가하는 인구를 부양하기 위한 차원에서 농업생산력의 발달이 지상의 과제였고, 이러한 전체적인 농업생산력의 발전과정은 농기구의 분화와 발전이라는 측면에서 추동된 것이었다.

먼저 16세기 후반 이후 농업생산활동에 동원된 전체적인 농기구의 구성은 이전 시기에 비해 큰 변동은 없었다. 즉 17-18세기에 농업생산 현장에서 활용되던 농기구는 이전 시기에 마련된 농기구 구성 체계 또는 이전 시기에 정립된 농기구 체계의 범위 내에서 존재하고 있었다. 하지만 이 시기에 철제 농기구의 구성 체계 내부에서 점차 다양한 변화가 나타나고 있었다. 그것은 바로 본격적으로 등장하는 농기구의 다양화와 지역적 특색의 발현이었다.

농경이 시작되고 이미 오래전에 철제 농기구가 전면적으로 도입되어 있었기 때문에 새로운 농기구의 도입과 같은 변화가 나타나기란 어려웠다. 하지만 실제의 농업생산 현장에서 농기구를 다루는 농민들은 다년간의 노동경험을 통해 농기구의 구조와 형태 등에 개선을 더하고 있었다. 농기구의 형태가 다양하게 분화하는 것과 동시에 농기구 용도의 다양성이 증대되었다. 이러한 분화의 증대와 그에 따른 농기구의 기능 향상은 농기구를 이용하는 생산활동의 측면에서 생산성의 향상을 가져왔다.

16세기 후반 이후 농기구의 분화와 발전의 양상은 우선 16세기 중후반 경상도 상주지역의 농법農法을 정리한 고상안高尙顔의 『농가월령農家月令』에서 실마리를 잡아낼 수 있다. 농기구가 본래적으로 가지고 있던 지역적인 특색이 분명하게 농서로 정리되어 나가고 있음을 확인할 수 있다. 이러한 모습은 농서 편찬의 추이가 농법의 지역적인 성격, 농법의 지역성을 강하게 띠고 있는 지역농서地域農書 편찬의 흐름으로 귀결되는 것과 맥락을 같이하는 것이었다.

『농가월령』에서 확인할 수 있는 농기구農器具의 지역성은 바로 이러한 성격을 지닌 것이었고, 조선 후기에 본격화되는 농기구의 다양화를 분명하게 보여 주는 것이었다. 농기구가 작업별로 그리고 지역별로 더욱 특화되는 양상을 『농가월령』에서 다음과 같이 확인할 수 있다. 이 농서農書에 등장하는 농기구는 대체로 상주의 기후와 토질 그리고 상주 지역의 특유한 농법에 걸맞는 체계로 구성되고 있었다. 그러한 상황을 몇 가지 중요한 농기구를 중심으로 살펴본다.

『농가월령』을 살펴보면 몇 가지 특색 있는 농기구를 찾아볼 수 있다. 우선 정월절 입춘조正月節 立春條에서 7개의 농기구와 2개의 쟁기 부속품을 장만할 것을 다음과 같이 지시하고 있었다.

> 준비할 농기農器[備農器]: 중형 쟁기中犁, 소형 쟁기小犁, 보습犁先 및 볏累鐵, 큰삽並大銛, 쇠스랑虎齒把, 팽이鑺屎, 써레鋤迄羅, 번지판飜地板56

중려中犁는 중형 쟁기고, 소려小犁는 소형 쟁기다. 중형 쟁기는 진전陳田을 기경할 때 사용하였다.57 려구犁口와 경철景鐵은 각각 쟁기의 보습과 볏에 해당하는 부속품이었다. 병대삽並大鍤은 삽鍤 가운데 커다란 삽으로 보인다.[58] 호치파虎齒杷는 호랑이 이빨 모양으로 생긴 파杷를 가리킨다. 사용법으로 보아 철치파 곧 쇠스랑이 확실하다. 과시鎈屎는 아무래도 시屎의 음이 이伊와 유사한 것으로 보이기 때문에 괭이임이 분명하다. 그리고 조흘라鋤訖羅는 『농사직설』의 소흘라所訖羅와 비슷한 음을 가지고 있어 써레일 것이다. 마지막으로 번지판飜地板이라는 것은 번지飜地와 이에 부착하는 널판을 병칭한 것으로 보이기 때문에 번지飜地로 비정된다.

『농가월령』의 농기구 가운데 가장 주목되는 것은 복종覆種 작업에 동원된 시비柴扉라는 농기구이다. 봉천답奉天畓에서 비를 얻지 못하여 건부종乾付種해야 할 때 숙치熟治에 힘을 기울여야 했는데 이 때 사용한 농기구가 시비였다. 건부종에서 숙치에 힘써야 하는 이유는 종자가 발아하는 데 필요한 수분을 지층에 담아 두기 위한 것이었다. 이런 이유로 파종한 직후 복종작업에 시비柴扉를 활용하면서 전토를 단단하게 만들고 있었다.

그리고 17세기 이후 농기구의 분화양상 그리고 지역적 특성의 현실화라는 양상을 대표적인 농기구인 쟁기의 사례를 검토하면서 분명하게 찾아볼 수 있다. 쟁기의 구조 형태의 분화와 지역적 특화라는 두 가지 양상이 중첩되어 있었고, 그러한 양상을 농서에서 본격적으로 확인할 수 있게 되었던 것이다. 즉 쟁기의 구조와 형태가 분화하는 과정은 보습과 볏 등 쟁기의 부속부분이 점차 지역적으로 특화된 형태를 띄어 나가는 과정과 병행하는 것이었음을 당대의 농서에서 찾아볼 수 있다.

쟁기가 사용지역의 조건에 따라 특징적인 성격을 나타내고 또한 이러한 지역적 특화가 쟁기의 분화로 이어지고 있었다. 우선 경려耕犁가 산간지역용峽犁과 평야지역용野犁로 구별되었고, 산간지역용 평야지역용이 각각 다시 세분되는 사정도 전개되었다.[59] 경우耕牛의 숫자에 따라 양우兩牛를 사용하는 지역의 양우려兩牛犁와, 단우單牛를 사용하는 지역의 단우려單牛犁로 분화하면서 쟁기의 형태도 특색을 나타내고 있었다.[60] 양우려는 단우려에 비해서 성에가 길고 두필의 소의 목에 걸어 주는 장원長轅이 달려 있었다. 기경起耕할 때 쟁기를 견인하는 방법에서도 보습의 형태에 따라 지역적으로 차이를 나타내고 있었다. 산간에서 이용하는 약간 타원형의 둔탁한 협참峽鑱의 경우 두 필의 소를 옆으로 병렬시키는 것에 반하여 양호兩湖지역에서 이용하는 좁고 길다란 호참湖鑱의 경우는 두 필의 소를 일렬종대로 세워 쟁기를 끌게 하고 있었다.[61] 이와 같은 쟁기의 형태분화는 주로 한전에서 사용하는 한전려에서 나타난 것이었고 수전에서는 홀이胡犁라는 단우려單牛犁를 사용하고 있었다.[62] 쟁기의 지역적 분화가 정리되는 모습은 결국 농법의 '지역성'을 현실의 농서 편찬에 직접적으로 반영하는 추세를 명확하게 보여 주는 것이었다.

다음으로 농기구의 지역적 다양화 특화의 양상을 호미에서 찾아볼 수 있다. 호미는 조선시기 농기구 체계에서 중경제초中耕除草의 기본적인 도구로, 조선 후기에 지역적인 특성이 정형화되어 호미의 기능과 외형상의 형태에 분명하게 나타났다. 조선 후기 수도작 및 이앙법의 북상과 더불어 토양을 찍어 완전히 뒤집는 기능을 수행하는 볏이 달린 호미가 북쪽으로 전파되어 황해도에서 멈추었다.[63]

호미의 크기가 지역에 따라 다르다는 점은 18세기 말에 응지농서를 올린 염덕우廉德隅에 의해 간명하게 지적되었다. 염덕우는 다음과 같이 지역적인 농기구 분화分化의 양상을 설명하면서 호미를 언급하고 있었다.

> 농기農器에 있어서 뇌사耒耜[쟁기]의 장단長短, 여서犁鋤[쟁기와 호미의 광협廣狹[넓고 좁음]은 비록 남북南北으로 제도를 달리하고, 동서東西로 모양을 달리하고 있다. 하지만 필경 전토를 다스리는 공로에서 동일하게 각각 효력이 있는 것이다.[64]

염덕우는 각 지역의 농기구가 형태나 구성에서 특징을 가지고 있다는 점을 분명하게 언급하면서 호미와 쟁기 날의 광협廣狹이 동서남북으로 차이가 있다는 것을 지적하였다. 그리고 그러한 차이가 지역적인 차원에서 나름대로의 효과를 가진 것이라는 설명도 부기하였다. 물론 염덕우의 강조점은 그러한 형태와 구성의 차이에도 불구하고 각 지역에서 농기구가 나름대로의 효과를 거두고 있다는 점, 즉 현재의 농업생산에 활용되는 농기구가 오랜 과정을 거쳐 효과가 입증된 것이라는 점을 강조하는 데 있었다.[65] 결국 염덕우는 각 지역에 형성된 농기구 구성체계와 독자적인 형태가 나름대로의 효용성을 지닌 것으로 주장하고 싶었던 것이다.

강원도 홍천洪川 유생 이광한李光漢도 정조에게 응지농서를 올린 응지인이었는데 그는 나름대로 명농明農의 원리를 깨달았다고 자부하면서 28가지에 달하는 조목을 농서로 진달하였다. 그 가운데서 서역鋤役이라고 이름 붙인 호미질에 대하여, "연야沿野의 읍은 박장병단鎛長柄短[날은 길고 자루는 짧게]하고, 산협山峽의 땅에서는 박단병직鎛短柄直[날을 짧고 자루는 곧게] 한다"라는 규정을 제시하였다.[66] 즉 강가나 들에서는 단병서短柄鋤 즉 앉아서 작업하는 호미를 이용하도록 권장하고, 산골에서는 장병서長柄鋤를 이용하도록 권유하고 있다. 이러한 권장 사항은 실제 해당 지역에서 선호하던 호미의 종류일 것으로 보인다. 사실 평안도에서는 중국의 자루가 긴 대서大鋤와 비슷한 호미를 사용하고 있었다.[67] 이에 반해서 황해도 이남 지역의 소서小鋤로 불리는 작은 호미는 조선의 고유한 형태의 것으로 논과 밭 모든 전토에서 이용되었다. 이와 같이 호미의 경우 18세기 후반을 단면으로 잘라 살펴볼 때 지역적인 특화라는 현상을 찾아볼 수 있었다.

이와 더불어 조선 후기에 농서 편찬 과정에서 농기구의 지역적 성격을 밝혀냄과 동시에 당시에 실제로 사용되던 농기구를 정리하는 작업도 수행되었다. 1797년 무렵 유득공柳得恭은 『농정전서農政全書』를 참고로 하여 당시에 사용되던 농기구의 속명俗名을 한자어로 풀어서 설명하는 작업을 수행하였다.[68] 18세기 후반 응지농서를 올린 몇몇 응지인應旨人은 당시에 사용되고 있던 농기구의 현황에 근거하여 농기구 변통론을 제시하였다. 기본적인 생산수단인 농기구를 변통시켜 한 단계 진전시키고 이를 계기로 농업생산력의 발전을 도모하려는 주장이었다.

6

물을 다스리는
기술과 도구들

조선시대를 비롯하여 근대 이전 시기의 '수리水利'를 대략 정의하면 다음과 같다. 하천이나 연못 등의 자연 상태의 물을 제언, 천방, 수로 등과 같은 수리시설이나 수차, 용두레와 같은 수리도구를 통하여 농업용이나 식용으로 이롭게 이용하는 일을 수리水利라고 정의할 수 있다. 그런데 이러한 정의는 너무 포괄적인 것이어서 실제 역사 연구에서 기반으로 삼기 어렵다. 따라서 수리를 개설적으로 그리고 역사적으로 개념 설명을 살피는 것이 필요하다.

　수리라는 사태를 역사적으로, 그리고 개설적으로 살펴보면 대략 다음과 같이 정리할 수 있다. 수리라는 사실史實은 수리시설이나 수리도구를 통해 자연 상태에 존재하는 물을 저장하거나 흐름을 바꾸어 농사에 활용하는 일을 가리킨다. 먹는 물을 쉽게 구하기 어려운 곳에서는 우물 등을 파서 식수를 구하는 것도 수리에 해당한다. 하지만 농경이 시작된 이래 조선시대까지 수리의 주요한 부분은 농사에 물을 활용하는 것이었다.

계곡이나 평지의 높은 곳은 막아서 계곡물이나 빗물을 모아 저장하였다가 농사에 이용하는 제언堤堰이나 하천을 가로막아 하천물을 이용하는 천방川防, 洑을 주된 수리시설로 활용하였다. 그리고 바닷가나 하천 연안의 농지를 개간하기 위해 물이 침범하는 것을 막기 위한 언堰도 축조되었다. 또한 중국이나 일본에서 이용하던 수차水車를 도입하여 제작하고 보급하는 일도 여러 시기에 걸쳐 이루어졌다.[69]

조선 초기부터 조선정부는 수리시설을 축조하고 관리하는 데 주의를 기울여 수리정책을 펼쳤다.[70] 우희열, 이은 등 수리에 정통한 관료들을 동원하여 제언堤堰을 축조하는 데 힘을 기울였다. 또한 벽골제, 눌제 등을 개축改築하는 사업을 벌였다. 이와 같이 조선왕조의 수리정책은 제언과 천방의 축조 장려, 제언 천방의 관리 보수 강화 등의 측면으로 실행에 옮겨지고 있었다. 조정의 수리정책의 기조가 문종 대 이후 제언에서 천방으로 크게 변화하였다.[71]

조선의 수리정책을 현장에서 실천할 주체로 제언사堤堰司를 설치하였다. 제언사는 때때로 설치되었다가 폐지되고 다시 설치되는 우여곡절을 겪으면서 운영되었지만, 조선 전역의 수리시설 현황을 조사하고 때때로 관리를 파견하여 제언 등 수리시설의 축조 관리를 독려하는 활동을 펼쳤다.[72] 그런데 조선 후기에 이르면 비변사 전임 당상의 하나로 제언 당상을 설치하여 제언에 관련된 시책을 마련하고 시행하게 했다.

16세기 후반에 『농가설』을 지은 유팽로는 수리시설의 중요성을 지극히 강조하였다. 그는 "피당陂塘[저수지]의 이로움은 농사의 근본이니 마땅히 더욱 협력하여 힘껏 축조하고 이로써 춘수春水[봄물]를 가두어 놓고, 천보川洑[천방]도 또한 미리 막아 두면 견고하여 무너지지 않을 것이니 이 어찌 소홀히 할 것인가"[73]라고 언급하면서 춘수를 이용할 것을 지시하고 있었다. 이와 더불어 천보, 즉 천방을 잘 막아 둘 것, 즉 하천에 설치해 둔 천방을 보수하고 수리하며 그리하여 견고하게 지탱할 수 있도록 사전에 예방적인 수축 작업을 강조하였다.

유팽로는 조선 팔도의 수리시설 현황에 대해서도 언급하고 있는데, "지금 8도의 대제大堤 이외에 각읍의 작은 연못은 이루 헤아릴 수 없을 정도이지만 농민이 태만하여 오래도록 내버려두고 있어서 애초에 물을 저장한 것도 없고 헛되이 사석沙石만 계속 쌓여 있어 그 아래의 전지들이 피해를 입을 것"이라고 단정하였다. 이는 제언이 황폐화된 원인을 농민의 태만에서 찾고 있는 것인데, 이렇게 일방적으로 인과관계를 설명하는 것은 무리일 것이다. 하지만 제언 황폐화의 현상적인 모습으로 제언 내에 모래와 돌이 쌓여 있다는 것을 지적하고 있다는 점에서 제언을 잘 유지·관리하여 활용하기 위해서는 제언 내부에 대한 계속적인 준설 작업이 필요함을 알 수 있다.

조선왕조실록, 여러 농서를 종합해서 살펴보면 조선시대에 활용한 수리시설은 일반적으로 크게 제언, 천방(보), 그리고 해언海堰 이렇게 3가지로 나눌 수 있다. 1798년에 정조에게 올려진 신재형申在亨의 응지농서를 보면, 그는 제보언堤洑堰이라는 세 가지 수리시설이 조선에서 사용하는 수리시설의 대종임을 전제하고 세 가지 수리시설의 특성을 소개하였다. 그의 설명에 따르면 산과 가까운 곳에서는 저수貯水로 이용하는 제堤가 있고, 들과 가까운 곳에는 인수引水로 이용하는 보가 있으며, 바다와 가까운 곳에는 방수防水하기 위한 언堰이 자리하고 있다는 것이었다.[74]

제와 보의 경우 최종적인 수리시설 축조의 목표는 관개수를 전답에 넣어 주는 것이기 때문에 인수에 중점을 둔 것이라고 할 수 있다. 다만 제의 경우 물을 모아 두는 시설로서의 의미가 보에 비해 월등 컸는데, 이는 방죽, 뚝방의 내구성과 관련된 것이었다. 제의 뚝방이 보의 그것에 비해 훨씬 강도가 높아 그만큼 강한 수압을 이겨 낼 수 있었다. 반면에 보의 제방은 큰물이 나면 쉽게 무너지는 것이었다. 한편 해언이라 불리는 언의 경우 바닷물 또는 경우에 따라서는 하천수를 막아 내는 방수의 기능을 수행하는 수리시설이었다.[75] 이상의 설명을 간략하게 정리하면 조선시대의 수리시설은 위치 및 용도에 따라 제언, 천방, 해언으로 크게 나눌 수 있는데, 제언의 경우 계곡, 계곡물을 이용하는 수리시설이고, 하천물을 이용하는 것이 천방이며, 바닷물을 막는 시설이 해언이었다.

수리시설에서 활용하는 수원水源에 따라 수리 개발 방식이 달라졌다. 골짜기를 가로막는 제방堤防을 축조하여 계곡물과 빗물 등을 저수하는 경우가 제언이었다. 하천을 가로막아 하천물의 수위를 높이고 이를 따로 개설한 수로水路, 구거溝渠를 통해 논으로 끌어들이는 것이 천방이었다. 또한 바닷가의 간석지를 농지로 개발하기 위해 해수海水가 침범하는 것을 막기 위해 쌓은 둑이 해언이고 이렇게 개발된 논밭을 언전堰田이라 하였다.[76]

제언의 경우 산지의 골짜기 지형을 활용하는 경우와 평지의 하천 수역을 활용하는 경우로 나누어 볼 수 있다. 조선시대에 축조하여 활용한 제언은 자그마한 골짜기를 막은 소규모의 것들이 대부분이었지만 대형 제언들도 활용되었다. 제언을 수축하기에 적당한 곳을 찾아내는 일도 중요한 일이었다. 조정에서는 각도와 군현에 명령을 내려 제언을 만들어 활용하기에 적당한 곳을 찾아내어 보고하게 하였다. 그런데 제언을 수축하기에 적당한 곳을 찾는 일은 곧 경작지를 확보하는 일과 연관된 것이었다. 제언을 통해 가경지可耕地를 넓히려는 것이었다.

제언을 통해 저수한 관개수를 전답으로 끌어들이는 통로인 수로와 수문水門이 설치되었다. 자연적이거나 인공적으로 형성된 수구水口 또는 여수토餘水吐라고 불린 구조물이 제언의 제방에 설치되었다. 여수토는 무너미(무넘이)라고 부르기도 하는데 제언의 제방 위로 넘쳐 흐르는 저수가 일정한 지역으로 흘러 결국 수로로 이어지게 만드는 것이었다. 조선시대 제언의 좌우에 여수토가 배치되었는데, 제방보다는 조금 낮게 쌓아 홍수에 물이 넘쳐흐르도록 만든 이 여수토가 우선 결궤決潰 대상이었을 것으로 추정되고 있다.[77] 수통이 설치되지 않은 제언의 경우 제방을 결궤하여 관개를 하였다. 조선시대뿐만 아니라 이전, 이후 시기에도 수통을 설치되지 않은 경우 제방을 결궤하는 방식으로 관개수를 이용하였다.

제언의 제방에 설치된 본격적인 수문은 바로 수갑水閘이었다. 수갑은 중국의 강남 지역에서 널리 보급되었던 수문으로 판목板木을 이용하여 쉽사리 열고 닫을 수 있는 장치였다.[78] 수두

수갑, 『화성성역의궤』 서울대학교 규장각 한국학연구원

화성부(현재 수원)에 축조한 만석거 등 제언에 설치한 수문의 하나이다. 제방 안에 모아둔 저수를 안정적이고 계획적으로 제방 바깥의 수로로 보내기 위한 설치물이다.

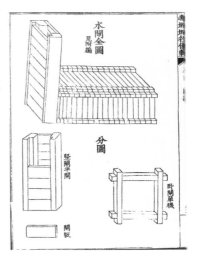

水竇라는 구조물의 일부분으로 수갑이 설치된 것이었다. 18세기 후반 정조대에 화성 성역 도중에 축조된 만석거의 경우, 남쪽 제방에 수두가 설치되었다. 나무를 깎아 우물 난간 모양井欄의 틀機을 만들고 가로로 곧추세워서 겹겹이 심어서橫竪疊植 네모진 구멍方穴을 관통시켜서, 관개하는 길을 이끌도록 하였다. 내면에는 갑閘을 설치하여 가로로 14층 격판隔板을 세워 두었다. 합하여 높이가 5척 5촌이 되었다. 평상시에는 막아 두고 흙으로 봉하여 안에서 보아서는 수두水竇가 있는지 알지 못하도록 하였다. 관개할 때에 이르러서, 판을 열어 물을 내려보내는데 그 다과를 적당히 조절하게 하는 것이었다. 이는 곧 조선 초기 이래로 제언의 구성 요소로 특히 강조된 수구의 설치와 동질적인 것으로 보인다. 돌로 만든 수로石溝를 설치하는데, 석구石溝 안쪽에는 나무로 만든 수통水桶을 설치하고, 바깥쪽에는 나무로 만든 목조木槽를 설치하는 것이었다. 이러한 제언 구조는 제언에 가두어 둔 물을 잘 활용하는 데 적합한 것으로 고안된 것이었다.

다음으로 천방은 하천에 흐르는 물을 이용하는 수리시설로 소규모 공사로 축조할 수 있었다. 사실 물을 끌어들이는 데에는 평야 지역보다 산곡 지역이 더 유리하였다. 산곡에서는 골짜기를 흐르는 계곡물을 천방을 통해 이끌어 들일 수 있다.[79] 천방 축조에 대한 논의는 특히 문종 대부터 활발하게 이루어졌다. 문종이 1450년에 경기·충청·강원·황해·경상·전라·함길도 관찰사에게 제언 수축에 대해서 내린 유시諭示를 보면, 문종은 제언뿐만 아니라 천방에 대해서도 지적하면서 수리에 제대로 활용하지 못하여 수리시설의 이로움이 버려져서는 안 될 것이라고 지극히 강조하고 있었다.[80] 국왕의 관심 속에 활발하게 축조되기 시작한 천방은 세조 대에 이르러서는 제언 축조와 더불어 수리사업의 양대 중추로 자리 잡았다. 이러한 양상은 성종 대에 이르러 더욱더 가속화되었다.[81]

15세기 후반부터 영남 지역을 중심으로 내륙의 소규모 수리시설로서 보, 즉 천방이 활발히 개발되었다. 천방 개발은

14세기 후반부터 시도되어 15세기 후반에 이르러 본격적 발전을 보게 되었다. 천방은 지형에 따라 하천을 막아 물을 끌어올려서 하천보다 높은 지대에 물을 대거나 범람하기 쉬운 지역에 방축을 쌓고 구멍을 뚫어서 저습지를 농토로 이용하는 기술이었다. 이 방법으로 새 농토를 확보해 간 것은 대부분 노비 노동력을 다소 보유하고 있던 유향품관留鄕品官 등 재지災地 지배층이었다.[82]

16세기 후반에 활동한 유팽로는 천방의 구조와 재질, 즉 천방을 만드는 데 활용하는 재료에 대하여 언급하기도 하였다. 그는 "천보川洑는 본래 돌을 쌓아서 만든 것으로 이른바 농민農民이 임시臨時로 의방依防하는 것인데 단지 주먹만 한 돌로 막아 두는 것에 불과하여 조금 소나기를 만나면 영영 형지形止가 없어진다"라고 지적하고 있는데, 이는 자그마한 돌무더기로 천방을 만들 경우 쉽게 무너진다는 점을 문제로 삼은 것이라고 할 수 있다.

천방의 기술적인 특색은 18세기 후반 정조에게 올려진 응지인의 응지농서에서 찾아볼 수 있다. 응지인 복태진卜台鎭이 언급한 바에 따르면 18세기 후반 호서 지역은 지역에 따라 제보堤洑의 비중이 달랐다. 복태진은 호서 지역에 거주하면서 보 또는 해언보다는 제가 훨씬 효과가 좋은 수리시설이라고 평가하고 있었다.[83] 이러한 인식은 실제로 호서 지역의 경우 제가 수리시설의 대종이었기 때문에 형성된 것으로 생각될 수도 있다. 하지만 호서 지역에서 제가 보보다 월등히 요긴한 수리시설로 자리를 잡고 있기에 생긴 인식이라고 보기는 어렵다. 복태진 자신도 보는 관에서 약간의 도움만 주면 쉽게 축조할 수 있는 수리시설로 파악했다. 따라서 수리의 효과의 측면에서, 특히 복태진이 강조하고 있는 호남의 삼대제를 부각시키는 측면에서 제의 효용성을 높이 평가한 것으로 보인다.

복태진의 주장과 달리 충청도 공주公州 지역은 보를 주된 수리시설로 이용하고 있었다. 응지농서를 올린 공주 생원 유진목에 따르면 당시 공주 근처의 수리시설 상황은 제언보다는 방천防川(천방) 등을 축조하고 수로를 개착하여 물을 끌어들이고 배출하는 것으로 특징지을 수 있다. 이러한 상황을 유진목은 산야山野마다 방천하여 개보開洑(보를 개설함)하거나, 인구引溝하여 통수通水하고 있다고 표현하였다. 방천하여 개보하는 것은 결국 하천河川을 가로막아 천방, 즉 보를 축조한다는 것이고, 인구하여 통수한다는 것은 수로를 개착하여 물을 끌어들인다는 것을 가리키는 것이었다. 결국 천방을 의미하는 보와 수로를 의미하는 거를 결합시킨 보거洑渠를 주된 수리시설로 활용하고 있는 형편이라는 점을 알 수 있다.

유진목의 견문에 따르면 공주 등 여러 지역에서 사용하고 있던 보거는 구조적인 특성 때문에 가뭄을 극복하는 데 소기의 성과를 거두지 못하고 있었다. 그것은 가느다랗게 이어진 보거만으로 이앙 등에 필요한 물을 대기에 어렵다는 점 때문이었다. 따라서 보거 주변의 한광지에 대언大堰을 설치하여 가을 겨울 봄의 물을 담아 두어야 한다고 주장하였다.[84]

18세기 말에 응지농서를 올린 응지인 가운데 기전畿甸에 거주하던 이상희李尚熙는 장단長湍의 분지천芬池川, 양성陽城의 화산평火山坪에 새로 축조한 대보大洑가 모두 구보舊洑 때문에 훼철되어 전체 들판이 진황된 사실을 거론하면서 두 곳에 개보하게 할 것을 주장하였다. 이상희는 장단과 양성 지역을 본받아 전국의 방곡이 개보하게 하면 관개에 도움이 있을 것이라고 주장함으로써,[85] 축보築洑가 수리조건의 개선에 의미가 있다는 점을 분명하게 설명하였다. 이와 같이 18세기 후반에 이전 시기와 마찬가지로 수리시설의 원활한 이용을 위하여 철저한 관리와 수축이 강조되고 있었다.

전라도 지역의 상황을 보면 진안鎭安 유학幼學 박종혁朴宗赫이 올린 농서를 비변사가 검토하여 올린 회계回啓에서 다음과 같은 내용이 보인다.

세 번째로 말하기를 "구보舊洑를 억누르고 새로운 수

로水路, 新洑를 축조해야 한다"라고 하였다. 구보에 관련된 폐단이 진실로 많이 있고, [이 문제를] 진언하는 자들이 또한 여러 차례 있었다. 그 법례에 있어서 마땅히 엄금하고, 더욱 타일러서 분란이 사라지게 해야 할 것이다.[86]

구보舊洑를 억제하고 신보新洑의 축조를 적극 장려해야 한다는 주장이었다. 이러한 주장은 당시의 보를 중심으로 이루어지고 있던 전라도 진안 지역의 수리 상황을 전해 주는 것이라고 할 수 있다. 고부古阜 유학幼學 박도흠林道欽도 제언에 관련해서 금전역천金田驛川(소하천 이름)에서 직접 목격한 바를 농서에 수록하면서, 동시에 방천의 축조를 적극적으로 주장하고 있었다.[87]

전라도 지역의 수리시설에서 제언의 숫자가 조선 전기의 현황을 그대로 유지하고 있던 것은 바로 보의 축조와 연관된 것이었다. 특히 전라도 지역의 보의 특성은 대보로서 여러 개의 중소규모의 보가 연계되어 있었다.[88] 또한 보를 제언과 연계시켜 효율성을 증대시켜야 한다는 주장도 제기되고 있었다.[89] 따라서 18세기 후반 전라도 지역의 수리시설 분포의 특색을 보의 축조와 연결시켜 설명해도 무방할 것이다.

조선 후기 18세기 이후에 수리시설의 커다란 비중을 차지하던 것이 보, 즉 천방이었다. 지역 주민들이 연합하여 보를 만들기도 하고, 국가나 권세가, 왕실 세력이 자신의 입맛에 맞는 보를 축조하기도 하였다. 보의 구조를 살펴보면 보둑과 그리 멀리 떨어지지 않은 곳에 보의 수로를 만드는 것이었다.[90]

조선시대 수리시설을 새롭게 축조하였음에도 제대로 기능을 수행하지 못하는 경우의 하나로 신·구보新舊洑의 수리水利 다툼이 있었다. 천방은 제언과 달리 하천의 흐름을 가로막고 설치되는 것이기 때문에 하천이 흘러가는 하나의 군현 내에도 여러 곳에 축조하기에 적합한 장소가 있을 수 있었다. 그런데 본래 축조된 보가 있는 인근 지역에서 특히 상류 지역에 신보를 축조할 경우 예전의 보의 혜택을 받고 있던 주민과 새로 축보한 주민 사이에 수리시설의 효용성을 놓고 분쟁이 발생하였다.

다음으로 해언海堰의 경우 해수의 침범을 막아 주는 즉 방수용 수리시설이었다. 그런데 역사적으로 해언은 필연적으로 간석지의 간척과 연관된 것이었다. 조선 후기 수리시설 가운데 해언의 경우를 17세기 후반에 축조된 강화도 선두포언船頭浦堰의 사례를 중심으로 살펴본다.[91] 강화도에 간척이 논의되기 시작한 것은 정묘호란 이후부터였다. 조선 조정이 정묘호란으로 인한 청나라의 공격을 받게 되었고, 이 시기 인조가 강화도로 피난을 가게 되면서 강화도에 대한 전략적 가치가 재검토되면서 강화도의 간척에 대한 논의도 활기를 띠게 되었다. 이미 1678년에 선두포에 해언을 설치하자는 논의가 시작되었지만, 1707년에 민진원閔鎭遠이 강화유수로 부임하면서 본격적인 선두포언 공사가 시작되었다.

　인조 이후 효종과 현종 대에 이르러 강화도에서는 간척을 조금씩 시행하기 시작했다. 효종의 경우는 북벌론을 앞세워 강화도에 굴곶평屈串坪과 장평長坪에 둔전을 설치하고 운영하였다. 이와 더불어 진보의 설치가 효종 재위 시기에 적극적으로 추진되었다.[92] 현종 시기에는 이미 고려 말부터 존재하고 있던 승천제昇天堤와 승천전제昇天前堤가 보수되었고 대청언大靑堰, 가릉언嘉陵堰, 장지언長池堰 등이 축조되었다. 이를 통해 제방을 공고히 하여 제방 안에 있는 토지를 염해鹽害로부터 보호하면서 강화도 내의 곡식수확량을 보호하려고 하였다.[93] 효종과 현종의 일련의 행동들은 강화도 간척을 통한 전 시기부터 있었던 토지를 재차 개간하여 경작지를 확보하는 데에 목적이 있었다. 또한 효종과 현종 시기에는 간척을 통한 토지의 확보뿐만 아니라 이미 강화도 내에 있는 목장을 폐지하고 그 땅을 경작지로 활용하자는 의견들이 있었다. 본격적으로 간척을 통해 둔전을 얻어 군비를 확보함과 동시에 강화도 수비를 맡을 인구를 늘리기 위한 행동을 보인 것은 숙종 시기에 들어서이다.

숙종 대에 들어서며 중국에서 삼번의 난[94]으로 정세가 어지러워지자 국방의 강화 및 강화도에서의 보장처를 좀 더 강화할 필요성을 가지게 되었다. 숙종 시기에 설치가 증가되었던 진보와 돈대의 운영비를 중앙에서 지급하기에는 무리가 있었고, 강화도 내에 확보한 토지 및 목장토를 개간하여 얻는 것으로도 한계에 다다르고 있었다. 이러한 재원 확보의 필요성으로 인해 선두포에 축언을 실행하여 넓은 갯벌 사이에 전답을 개간하는 것이 용이하다고 전망되었고, 이것을 실행에 옮기기 시작하였다. 당시에 선두포에 제언을 쌓아 간척을 하는 것은 대규모 토목공사였고, 많은 비용과 물자가 들어가는 것이었다. 그리고 이 시기에 그만큼의 간척을 할 수 있는 기술도 발달하고 있었다. 강화유수 민진원이 부임하여 선두포에 축언을 만들 것을 제안하면서 축조 시 생길 이익을 언급하였다.

> 양쪽 언덕 사이의 거리는 300여 파把에 지나지 않으며 가장 수심이 깊은 곳은 6-7장丈에 불과하므로 썰물 때는 걸어서 건널 수 있습니다. 그러므로 비록 10리 밖에 큰 바다가 있지만 이곳을 막는 것은 어렵지 않으며, … 이곳을 돌아가면 20리가 되는데 300파로 단축시킬 수 있어서 매우 편리해진다는 사실입니다. 또 쌀 1,000석

을 생산할 수 있는 양전良田이 조수 때문에 황폐되어 있
으니 제언을 쌓고 이를 개간하여 각 진보에 적절히 분
배하여 둔전을 만들게 하면 위로는 경비를 감하게 하
고 아래로는 백성의 식량을 여유 있게 하는 것이므로
단번에 많은 이익을 얻게 됩니다."[95]

　　민진원의 건의가 받아들여져 1706년(숙종 32)에 실행하기 시
작하였다. 축언 축조의 노동력으로는 군병을 중심으로 강화의
전 주민이 동원되었다고 할 수 있다. 1706년 가을과 이듬해 봄
합동훈련을 정지하는 대신 강화부 및 소속 각영의 군병을 모
두 2일씩 부역赴役하게 하고자 하였다. 연안·배천의 군병을 동
원하여 2일씩 부역시켰다. 그러나 이듬해 흉년으로 1707년 1월
군병 훈련을 중지하게 되자 군병을 동원하는 것이 문제가 되었
으나 제방이 무너질 것을 염려하여 군병에게 대동미를 주어 부
역시키기로 결정하였다. 군병 외에 강화부 각청에 고용된 모군
募軍(임금을 받는 일꾼), 호구에 따라 차출된 연군烟軍(부역에 차출된
인부), 전세납세조직인 8결 단위의 역군이 동원되었다. 연인원
11만 명에 해당하는 사람이 선두포 축언에 들어간 것이며, 비용
으로는 쌀 2,000석, 병조목兵曹木 50동, 정철正鐵 7,000근, 석회石
灰 800석 등이 들어갔다.[96]

선두포언에서 간척으로 얻어진 둔전 운영 방식에 경우 숙종 이전과 이후의 운영 방식이 다르게 나타난다. 숙종 이전에는 부족한 군병을 확보하는 것을 목표로 하였기 때문에 다른 지역의 무토지 농민을 모입募入해서 토지를 분급하고 군병으로 삼았다. 그러나 숙종 때에는 늘어난 군병의 생계기반과 군사기구 운영에 필요한 경제기반을 마련하는 것을 목표로 하여 토지분급 대상을 강화도민으로 제한하였고 분급한 토지는 둔전식으로 운영하는 것을 원칙으로 하였다.[97] 간척지에 제언에 관리 방식은 한 명의 별장을 선두보의 별장과 겸하게 하여, 동서쪽에 언직이를 차출하여 관리하도록 하였다. 별장은 언직이를 지휘하여 매년 상강霜降 후 중통中筒 내에 저수하고 이듬해 해동한 후 방수하는 저수 방수의 책임을 담당하였다. 또한 훼파된 곳이 없더라도 매년 봄, 가을의 농한기에는 잡석으로 증축하든지 목책을 설치하든지 나무를 심든지 하여 튼튼히 하도록 하였다. 보수로는 개간지의 일부를 위전位田으로서 지급하였다. 별장에게는 4섬지기石落只를, 두 언직이에게는 각각 2섬지기를 지급하고 면세 조치하였다.[98]

제언 내 전장은 강화부 안의 백성에게는 양반과 평민을 막론하고 경작을 원하는 자에게 대호大戶는 2섬지기, 중소호中小戶는 1섬지기, 잔호殘戶는 10마지기斗落只씩을 분배하여 경작하게 하고 타처 사람에게는 허가하지 않았다. 이전에 목장을 개간할 때는 강화부 사람은 제외하고 타처 사람만을 모집함으로써 잠재적 군병의 확보라는 목적도 포함하였지만 선두포 개간지는 각 진보에 배치된 군병의 급료를 마련하는 의미가 컸다.

간척지의 대부분의 목적은 토지를 확보하여 농사를 짓게 하는 데 두고 있었다. 조정은 강화도의 간척지를 둔전으로 삼아서 소작을 통한 농지경영을 하여 그 수확물을 관청의 운영에 쓰이거나 군비에 충당하려고 하였다. 민간에서 이루어진 간척지 외에는 대부분의 간척이 이러한 활용으로 이용되었을 것이다. 하지만 강화도의 경우는 군사적인 목적으로도 쓰이는 모습을 보인다. 이러한 모습은 간척으로 생기는 개간 지역 확보와 함께 성벽을 만드는 모습으로 알 수 있다. 강화도 지역에 곳과 곳을 연결하는 제언을 쌓고 그 위에 돈대墩臺를 만들거나 혹은 그 주위에 진보鎭堡를 설치하는 등의 모습은 강화도가 전략적 요충지임을 보여 주는 하나의 예이다. 이러한 이유는 앞에서도 언급하였듯이 강화도가 왕의 피난처 역할을 하는 보장처로서의 입지를 가졌을 뿐 아니라 조선시대 조운선이 지나가는 길목에 자리 잡고 있는 중요한 지역이었기 때문일 것이다. 강화도는 고려·조선 시기에 삼남 지방에서 올라오는 조운선이 지나가는 길목에 위치하고 있다. 이러한 위치에 있다 보니 강화도의 입지는 그만큼 중요했을 것이다. 이러한 이유로 강화도에는 53개소의 돈대가 설치되었고, 이들을 연결하는 성벽이 해안선 전체를 둘러싸게 되었다.[99] 그리고 간척을 통해 얻은 토지는 군비의 충당과 군병을 모집하기 위해 나눠 주는 분급지로 사용되었을 것이고, 이것으로 강화도의 모자란 군비를 충당하는 수단으로 사용하였을 것이다.

하지만 민전 세액의 3배에 달하는 둔전세를 부담해야 했던 농민들과 이러한 과중한 부담을 못 견딘 농민들은 법으로 금지되어 있음에도 불구하고 토지를 판매하였고, 토지를 산 토지 점유자들은 점차 자신들이 농사짓는 토지의 과중한 둔전세에 대한 감하를 요구하였다. 이들은 과중한 둔전 세액을 낮추어 줄 것을 정부에 강력하게 요구하였으며, 이들이 요구하는 세액의 기준은 민전세였고 나아가 이들은 점유지의 사전화私田化 방안을 모색하였다.

둔전세에 대한 저항이 계속되면서 둔전세 수입은 더욱 감소하였다. 정부로서도 이러한 현실을 인정하고 개선방안을 강구해야 했다. 1710년(숙종 36) 유수 민진원閔鎭遠은 우선, 절수자가 토지를 개간하지 않고 진전陳田으로 남겨 두면 다른 사람에게 넘겨주어 개간하도록 하고, 절수자가 죽은 경우에는 가족이 세전하게 하여 경작 의욕을 고취시키는 방안을 제시하였다. 그리고 이듬해에 좀 더 적극적인 해결방안으로 개척농지의 사전화 방책을 제기하였다. 즉 절수지를 포목布木으로 환산하여 농지 10부당 면포 2필을 받고 사전으로 만들어 주자는 것이었다. 이렇게 하면 백성은 자신의 토지를 갖게 되어 경작에 힘쓸 것이므로 진황처陳荒處가 줄고 정부의 수입 또한 증가하게 될 것이라는 민진원의 주장에 국왕과 제신諸臣이 동의함으로써 사전화 방책은 시행이 결정되었다. 그러나 숙종 38년(1712) 판부사 이유李濡가 사전화 방안에 따르는 폐단을 지적하면서 이의 철회를 요청하였다. 사전으로 만들어 주면 매매가 더욱 성행해서 개척농지가 전부 세력가의 장토庄土가 될 것이라는 이유에서였다. 사전화 방안은 국왕이 이유의 주장을 인정함으로써 백지화되었고 강화도 개척농지의 둔전식 운영 방식은 계속 유지되었다.

결국 이 문제는 개척 농지를 둔전으로 유지하되 둔전 세액을 조정하는 방식으로 타개해 나갈 수밖에 없었다. 1부負당 조租(벼)(조선시대에 벼를 도정하여 쌀을 만들었을 때 원래 부피의 40%로 계산한다. 본래 50% 정도이지만 도정과정의 손실을 반영한 것이다. 현대의 정밀한 도정 기술에서는 70% 정도에 이르고 있다.) 3두였던 둔전 세액은 1두 5승으로 하향 조정되어 민전보다 약간 높은 액수를 부담하게 되었다. 그리고 그 액수는 시간이 지날수록 점차 낮아졌다. 이로써 개척농지는 외형상으로는 둔전으로 유지되었지만 실질적으로는 민전의 성격을 갖게 되었다.

마지막으로 인공 저류지에 해당하는 수리시설을 찾아볼 수 있다. 대개 오목한 지형조건을 활용하여 만든 수리시설로 물을 한 곳에 모아 두는 형태이다. 중국의 경우 당대唐代 이후 회사淮泗 하천 유역을 중심으로 크게 축조된 수리시설이 두 가지인데, 하나는 산간의 계곡을 언堰(제방)으로 막은 댐 형식의 저수지인 피波이고, 다른 하나는 평지의 오목한 지형에 주변의 자연수가 흘러들어 가 생겨난 유지溜池 또는 오목한 지형을 이용하여 인

공적으로 제방을 쌓아 축조한 저수지인 당塘이었다.[100] (왕정王禎
은 1313년 지은 농서에서 이렇듯 각각 성격이 다른 수리시설을 의미하던 피와
당을 붙여서 피당陂塘이라고 이름 붙였는데 이는 경사진 지형에 축조된 댐식 저
수지를 가리키는 말이었다.) 왕정은 애초에 당塘으로 불렀던 오지汚池
유지에 해당하는 저수지를 수당水塘이라고 불렀다.[101] 아래 그림
에서 볼 수 있듯이 수당의 경우는 별도의 둑[堰]이 반드시 필요
한 것은 아니었지만 둑이 있는 경우도 많았다.[102]

수당은 조선시대에 수리시설의 명칭에 등장하는 지池에 해

그림 16 구옥여관, 「제천 의림지 엽서」, 국립민속박물관

일제강점기 제천 의림지의 풍경을 촬영한 흑백사진을 인쇄한 엽서이다. 사진 하단 중앙
에는 '충북제천의림지忠北堤川義林池, 하단 좌측에는 '구옥여관발행龜屋旅館發行'이라는 표
시가 있다.

당하는 것으로 추정할 수 있다. 대표적인 사례로 충청도 제천의 의림지義林池를 들 수 있다. '지'는 작은 연못을 의미하지만 수리 시설과 관련된 경우에는 인공적으로 만든 연못, 호수, 즉 호택湖澤을 가리키는 것으로 볼 수 있다. 지池는 작은 규모로 만든 인공 연못을 가리키는 것으로 보는 것이 합당할 것이다.

1780년대 삼남 지역의 군현별 평균 제언 수 현황에서 각 도별 군현당 평균 제언 수를 보면 충청도가 10.7곳, 전라도 18.3곳, 경상도 23.1곳의 순서를 보이고 있었다. 특히 경상도 지역의 평균 제언 수가 다른 지역에 비해서 월등히 많다는 점을 알 수 있다. 경상도 지역에 많은 제언이 분포하고 있다는 점은 여러 가지 자료에서도 동일하게 나오는 부분이다. 조선 전시기에 등장하는 몇몇 제언 숫자를 정리한 다음 【표1】을 보더라도 전라도

	15세기 말(1)	1518년(2)	1782년(3)	19세기 초(4)	1908년(5)	1910년 경(6)
경상도	721	800	1,522	1,666(99)	1,317	1,752
전라도	-	900여	913	912(24)	745	800
충청도	-	500여	503	518(17)	248	318

(1) 『慶尙道續撰地理誌』 1470년 경
(2) 『中宗實錄』 卷46, 중종 18년 정월 庚戌
(3) 『增補文獻備考』 卷146, 田賦考 6; 『度支志』 外篇 卷3, 版籍司 田制部一 堤堰 各道堤堰總數
(4) 『萬機要覽』 財用篇 5, 堤堰-( )는 廢堤堰
(5) 『堤堰調査書』 1909년
(6) 『朝鮮農務彙報』 1912년

표1 조선시대 삼남 지역下三道 제언 수의 변천 내역

와 충청도 지역의 제언 수는 16세기 이래 20세기 초까지 이르도록 별다른 변화가 없다는 점을 알 수 있다.[103]

18세기 후반에 조사된 제언의 각도별 숫자에서 충청도와 전라도의 제언의 숫자가 조선 전기의 제언 숫자와 거의 차이가 없는 수준에서 머물러 있었던 것은 조심스러운 해석이 필요한 부분이다. 먼저 생각할 수 있는 것은 충청도와 전라도 지역에서 많이 이용하던 수리시설이 제언이 아니라 다른 것이었을 가능성이다. 아마도 이러하였을 가능성이 제일 높을 것으로 생각된다. 전라도나 충청도는 18세기 후반 당시에 수전농법에서 이앙법을 지배적인 경종법으로 채택하고 있던 곳이었다. 따라서 이 지역의 수전도 어떠한 방식으로든 수리시설의 혜택을 받고 있어야 하는데 그때 혜택을 주던 수리시설은 제언이 아닌 보였던 것이다.

근세 조선 사회에서 여러 가지 수리시설 이외에 실제의 농업생산 현장에서 활용하는 수리도구들이 존재하였다. 제언이나 천방 등과는 달리 인력을 이용하여 낮은 곳에 위치한 물을 높은 위치에 있는 전답, 특히 논에 대는 수리도구를 이용한 것이다. 제언이나 보와 같은 수리시설 이외에도 논밭에 물을 대는 수리도구가 많았다. 이것들은 개울이나 물웅덩이의 물을 퍼 전토에 담는 데 이용됐다. 두레, 맞두레, 용두레, 무자위 등은 대표적인 수리도구다.[104] 수리도구에 대한 명칭은 다양하게 제기되고 있는데, 물 관리 농기구, 또는 물대는 연장 등이 쓰이고 있다. 이 도구들은 우리나라의 지형과 논밭의 형태에 알맞게 고안된 도구들로 근대적인 양수기가 이용되기 얼마 전까지만 해도 광범위하게 이용되던 농가의 필수품이었다.

널리 활용된 수리도구인 두레는 건널목인 둥근 나무의 한 끝을 논밭의 두둑에 얹어 놓고 다른 한 끝은 기둥 세 개를 세워 만든 받침대에 올려놓은 것이다. 그리고 건널목 가운데에 한 끝은 물통이나 두레를 단 물채라는 긴 나무를 올려놓고 다른 한 끝은 혼자 또는 여러 사람이 서서 노를 젓는 것처럼 밀고 당기면서 물통에 물을 담아 논밭에 붓게 돼 있다. 이때의 공동 작업을 맞두레질이라고 하였다. 두레는 용두레를 사용하기 힘든 깊은 바닥의 물을 퍼 올리는 데 사용했다. 물채의 길이에 따라 물을 퍼 올리는 높낮이를 조정할 수 있었다.

맞두레는 네 귀퉁이에 줄을 단 나무통이나 두레를 두 사람이 두 줄씩 마주서서 잡고 개울이나 물웅덩이에서 물을 퍼서 논밭에 넣어 주는 도구였다. 사용이 간편하여 가장 많이 쓰여진 연장이라고 할 수 있다. 맞두레는 바닥이 좁고 위가 넓은(윗변의 길이는 30-40cm정도) 나무통을 만들어 네 귀퉁이에 줄을 달아 두 사람이 마주 서서 두 줄씩 잡고 물을 퍼 올리는 도구다. 줄의 길이를 조절해 물 대는 작업의 깊이를 조절할 수 있었다. 이러한 농작업을 맞두레질이라고 했다.

그리고 용두레는 한 사람이 사용하는 장비였다. 2m 정도되는 통나무를 배모양으로 길쭉하게 만든 후, 깊이 30cm 정도의 홈을 파서 몸통을 만들고 몸통의 가운데에 구멍을 뚫어 가는 나무를 끼우고 여기에 끈을 매었다. 이 끈을 긴 작대기 세 개를 모아 원통형으로 세워 놓은 꼭대기에 매달았다. 그리고 지렛대의 원리를 응용해 자신의 힘과 물의 양을 조절하면서 물을 퍼 올릴 수 있는 도구다. 통나무가 귀한 곳에서는 쪽 나무로 직사각형의 통을 짜고 바닥에 긴 자루를 달아 쓰기도 했다.

용두레는 통나무를 배 모양으로 길쭉하게 파서 물을 담게 될 몸통을 만들고 그 가운데 부분에 양쪽으로 작은 구멍을 뚫어 가는 나무를 끼우고 여기에 끈을 매었다. 이 끈을 긴 작대기

그림 17 용두레, 국립민속박물관

용두레는 물이 많고 무넘이가 높지 않은 곳의 물을 올리는 연장이다. 줄을 통해서 높낮이를 조절하면서 여러 사람이 번갈아 작업을 진행한다.

세 개의 끝을 모아 원통형으로 세운 꼭대기에 매어 몸통을 적당히 들어 올리는 방식으로 물을 끌어올렸다. 용두레는 한곳에 모인 물을 다른 곳으로 퍼 옮기는 데 쓰이며 줄의 길이는 지형에 따라 조절할 수 있었다. 물을 넣어 줄 두 곳의 높낮이 차가 심한 경우에는 용두레 2개를 연이어 사용하기도 하였다.

그리고 수전에 물을 대는 방법 중에는 길고桔橰, 즉 두레박을 이용하는 것도 있었다.[105] 대개의 경우 물대기灌水는 물고랑을 통해 지형의 고저 차이를 이용하는 것이 상례였다. 제언에서 수구水口를 따라 내려오는 물이 고랑을 지나가게 되면 물구멍을 만들어 수전에 물이 들어오게 하였다. 이에 반해서 길고는 바가지에 끈을 달아 사람의 힘을 이용하여 낮은 데 위치한 물을 높은 위치에 있는 전지에 끌어올리는 기구였다. 웅덩이나 개울물을 대상으로 대개 한해가 들기 시작하면 두레박을 이용하였다.

두레박은 말뚝을 의하여 세워 놓은 대나무의 끝에 줄을 매고, 그 끈의 다른 끝을 두레박이 달린 긴막대에 잡아 매었다. 물을 풀 때에는 두레박을 단 막대기를 잡고 힘을 주어 대나무가 휘어지게 하고 두레박에 물을 담고 손의 힘을 늦추면 대나무의 탄성에 의하여 원하는 곳으로 물을 퍼 올릴 수 있었다.

이 밖에도 물풍구라는 수리도구가 있었다. 대장간에서 사용하는 풀무의 원리를 이용한 것이다. 통 안에 장치된 피스톤은

왕복운동을 하면서 물을 품어 낸다. 수리도구의 이용은 제언이나 보를 축조할 수 없는 작은 개울이나 웅덩이에서 사용했던 것으로 수리시설을 보완하는 위치에 있었다.

여러 가지 수리도구 가운데 특히 주목되는 것이 수차水車, 즉 무자위라는 도구이다. 수차 무자위는 낮은 곳의 물을 높은 곳으로 품어 올리는 농기구로서 최근까지 염전 지역에서 이용됐다. 한 개의 축 둘레에 나사모양의 판을 많이 붙여 전체적으로 마차 바퀴 모양이 되도록 만들었다. 받침대 끝부분에 긴 작대기 두 개를 붙이고 사람이 여기에 의지해 발판을 밟으면 바퀴가 돌아간다. 이때 아래의 물은 나무로 만든 홈통을 따라 높은 곳으로 이동한다. 보다 높은 곳으로 물을 퍼 올리기 위해서 이단으로 무자위를 설치하기도 했다.

무자위의 구조를 보면 한 개의 굴대[軸] 주위에 여러 개의 나무판을 나선형으로 붙여 마치 날개 달린 바퀴 같은 모습을 띠고 있다. 이 날개판을 두 발로 번갈아 밟으면 바퀴가 돌아가고 낮은 곳에서 높은 곳으로 퍼 올려진 물이 봇도랑으로 흘러들어가게 하는 도구였다. 조선의 중앙정부와 몇몇 지식인들은 조선의 농업 현실에 수차를 도입하기 위해 많은 노력을 기울였지만 성공하지 못했다.

하천수를 관개수로 이용하는 수리 도구인 수차는 조선 전기

그림 18 무자위, 국립민속박물관

무자위(수차)는 수레바퀴의 발판을 밟아 물
을 퍼 올리는 도구로, 근대 이후에 염전에
서 많이 사용하였다.

에 도입이 추진되다가 실패로 돌아갔다. 수차가 중국의 강남 지
역에서는 이앙법의 보급과 관련된 중요한 수리 도구였지만 조
선의 토질에 적합하지 않아 도입이 무산된 것이었다.[106] 17세기
중반 조선에서 상세한 수리 지식을 축적하면서 수리학水利學의
체계가 세워지고, 용미차龍尾車·옥형玉衡·항승恒升과 같은 서양
식 수차를 보급하자는 논의가 제기되었다. 전통적인 중국식 용
골차龍骨車와 일본식 왜수차倭水車의 보급 논의와는 차원을 달리
하는 것이었지만 결국 실제 농사에 채용되지 못하고 논의의 차
원에 그치고 말았다.[107] 결국 수리시설로서 수차의 보급이 적극

논의되었으나 우리나라 토성土性이 삼루滲漏가 심해서, 소요 인력에 비해 관개 효과가 적은 것으로 나타났다. 따라서 그 설치를 자원하거나 자격수차自激水車 이외의 인력수차人力水車 보급정책은 철회하지 않을 수 없었다.[108]

7

자연재해의 대비와 극복

조선시대 농민의 삶에서 자연재해의 문제는 어떠하였을까.
지금도 가뭄이나 홍수를 만나면 인간의 힘이란 것이 자연 앞에
서는 지극히 미약하다는 절실한 깨달음을 얻을 수 있는데, 조선
시대에는 지금보다도 한층 더 자연재해의 위력에 노출되어 있
었다. 조선시대의 농민은 자연재해에 대해서 적절한 사전 대책,
또는 안전한 방비책을 마련하지 못한 채 삶을 꾸려 나가고 있었
다. 흔히들 자연재해로 홍수, 가뭄을 많이 거론하지만 이외에
도 우박, 서리, 바람, 안개 등 갖가지 자연현상이 언제든지 재해
로 돌변할 수 있었다. 게다가 병충해의 위험도 감수해야만 했
다. 일반적인 자연현상일지라도 보통의 수준을 뛰어넘는 강도
로 닥쳤을 때에는 현실의 농업생산에 커다란 재해를 가져오는

것이었다.

　조선 전기 서울과 지방에서 발생하여 사람들의 일상생활과 국가의 통치체제에 유형 무형의 영향을 끼친 이상 자연현상들이 있었다. 당시 관료들과 백성들은 보기 드물었던 이상 자연현상을 재변災變, 재이災異, 천변天變, 지이地異 등의 이름을 붙였다. 자연스럽지 않은 것으로 간주된 이상한 자연현상은 천변지이天變地異를 포함한 일월성신日月星辰과 관련된 이상 현상과 수재水災, 한재旱災 등 농사에 직접적인 영향을 끼치는 특이한 농업기상 현상을 따로 파악할 수 있다. 당대인의 시간 관념 속에 들어 있는 계절의 변화, 밤낮 순환의 일상적日常的인 양상과 다른 특별한 이상 현상은 우선 공포와 경외감을 불러일으켰을 것이다.

　가뭄이나 홍수와 같은 이상 자연현상은 자연재해災害라 모아 부를 수 있다. 수재, 한재 이외에 바람, 우박, 안개, 서리 등 자연현상이 사람들의 일상생활, 농작물의 재배 과정에 부정적인 영향을 끼치게 될 때 이를 재난, 재변이라고 지목할 수 있을 것이다. 그런데 가뭄을 비롯한 자연재해는 자연현상이 본래 가지고 있는 항상적인 수준을 벗어나는 이상적인 강도, 주기 등과 관련된 것이라는 점에서 상대적인 재변으로 볼 수 있다. 즉 적당한 수준과 적절한 시기의 강우降雨와 달리 거센 강도로 부적절한 시기에 나타나는 강우 현상은 이상기후 현상으로 지목되어 홍수, 대우大雨, 폭우暴雨로 불릴 것이다. 마찬가지로 적절한 일사량의 범위를 벗어나는 과도한 일사량의 축적은 물 부족, 가뭄, 한해旱害로 전개될 것이다. 이러한 이상 자연현상으로 조선시대에 주기적, 반복적으로 나타나 사람들의 생활과 농업생산에 커다란 악영향을 끼쳤다.

조선의 농업에서 가뭄, 큰물 등의 재해는 특별하게 특정한 해에만 나타나는 사건이 아니라 거의 매해에 걸쳐 반복적으로 발생하는 일상日常에 가까운 것이었다. 세종이 즉위한 뒤에 상왕上王의 자리에 있던 태종은 자신이 재위하던 19년 동안 가뭄이 발생하거나 아니면 홍수가 발생하였다고 지적하였다.[109] 태종 재위 시기의 자연재해는 매년 반복되는 일상적인 것이었다. 그리고 세종이 재위한 32년 동안도 마찬가지로 가뭄과 큰물이 엄습하곤 하였다. 물론 팔도 전역에 걸친 광범위한 재해가 발생한 적은 드물었지만, 어느 한 도의 농작을 완전히 황폐화시킬 정도의 재해는 여러 차례 발생하였다. 말할 것도 없이 군현 단위로 재해 피해를 극심하게 받은 것을 이루 헤아릴 수조차 없을 정도였다.

자연재해는 우선 농업생산에 커다란 피해를 가져다주었다. 수전에서 도작稻作을 수행하는 데 따르는 여러 가지 재해 가운데 한해가 가장 심각한 것이었다. 한해와 수해水害, 충해蟲害, 풍해風害, 상해霜害 등 농사를 망치게 하는 다양한 재해를 효과적으로 극복할 방책이 마련되기 힘든 상황에서, 특히 한해 즉 가뭄으로 인한 피해는 대단한 것이었다.

자연재해의 발생원인에 대해서 지구적인 차원에서 파악하는 것이 불가능하였던 당시에 자연재해는 하늘이 내려 준 것으로 보지 않을 수 없었다. 그런데 자연재해를 하늘의 경고, 경계 등으로 파악할 때 결국 하늘을 움직이게 만든 인사人事를 따지지 않을 수 없었다. 당시 수해와 한해 등 자연재해의 발생 원인은 천수天數가 아닌 인사로 간주되고 있었다. 자연재해를 사람의 잘못된 행위와 이에 대한 하늘의 견책 등으로 파악하는 사고방식은 또한 천변지이에 대한 당대 사람들의 인식과 같은 맥락에서 파악할 수 있는 것이었다. 천변지이에 대한 인식은 좀 더 유교적인 이념과 관련된 것이고 군주와 신하 사이의 관계를 포함한 정치적인 성격을 띠고 있었다.

조선이 개창될 무렵부터 재변에 대한 설명 방식으로 끊임없이 등장하는 구절은 바로 "인사人事가 아래에서 감동感動한 뒤에야 천도天道가 위에서 감응感應하는 것이다[人事感於下 然後天道應於上]", 또는 "인사가 아래에서 감동하면 천도가 위에서 감응한다[人事感於下 則天道應於上]"라는 것이었다. 이 구절에서 인사와 천도 사이의 선후 관계를 찾아볼 수 있는데, 인사에서의 잘못이 먼저 나타나고 이것 때문에 천도의 감응이 천변으로 나타난다는 논리구조가 그것이다. 수 세기에 걸친 조선왕조실록 기사에 보이는 재변의 발생, 재변 극복의 대책, 재변의 책임 소재 등에 대한 논의에 위와 같은 구절이 금과옥조金科玉條(금이나 옥처럼 반드시 지켜야 할 법칙이나 규정)로 등장하고 있었다.

조선시대를 살아간 사람들에게 구황식물救荒食物은 흉년이 들어 식량 사정이 원활치 않게 되었을 때 절실히 필요한 것이었다. 조선 국왕의 덕치德治와 수령의 덕정德政에도 불구하고 흉년에 기근이 겹치는 사정은 불가피하게 찾아오곤 하였다. 개별 가호家戶 차원에서뿐만 아니라 특정 마을, 고을 단위에서도 구황식물이 필요한 시기는 언제라도 닥치게 마련이었다. 곡물이 부족한 시기는 때를 가리지 않았지만 특히 봄철이 문제였다. 초여름 밭의 보리가 비로소 여물기 시작할 때가 되어서야 먹을거리로 곡물을 주변에서 구할 수 있었다. 이보다 앞선 시기에 집안에 소중하게 간직해 온 묵은 곡식이 동이 나게 되면 농민들은 이곳저곳에서 먹을거리를 빌리거나 직접 산과 들을 내달리면서 구황식물을 찾아 나서야 했다. 지난 가을부터 마련해 두었던 먹거리가 다 떨어져 버렸을 때부터 보리의 '풋바심'110을 할 수 있을 때까지 견디어야 하는 이 시기를 대개 보릿고개, 즉 맥령麥嶺이라 불렀다.

조선시대에 보릿고개가 백성들에게 어떤 고난에 찬 고개였는지 정약용의 농시農詩 1편에 절절하게 묘사된 것을 찾아볼 수 있다. 정약용이 신유박해(신유사옥)에 관련되어 1801년 2월 경상도 장기현으로 유배되었다. 그해 10월 다시 전라도 강진현으로 이배移配되었다. 정약용이 장기현에서 유배생활을 할 때 지은 농시가 바로 장기농가長鬐農歌 10장章이다. 10장 가운데 1장에서 19세기 초반 조선의 농민들이 겪어야 했던 보릿고개에 대한 정약용의 현실감이 넘쳐흐르는 서사敍事가 담겨 있다.

> 보릿고개 험하고 험해 태행산의 협곡 같네 /
>
> 麥嶺[111]崎嶇似太行
>
> 단오절이 지나야만 보리 수확이 시작되지 /
>
> 天中過後始登場
>
> 그 누가 장차 풋보리죽 한 사발을 들고 가서 /
>
> 誰將一椀熬靑麨
>
> 비변사의 대감님께 맛 좀 보라고 나눠 줄까 /
>
> 分與籌司大監[112]嘗[113]

　　경상도 장기현에서 정약용이 보릿고개를 직접 목격하고 지은 시이다. 그에 따르면 보릿고개는 그냥 고개가 아니라 중국

태행산의 협곡처럼 험하디 험한 고개이다. 차마 드러내 놓고 언급하지는 않았지만, 이 고개를 넘지 못하면 목숨을 부지하지 못한다는 위태로움이 보릿고개 마루 바로 밑에 도사리고 있다는 것을 누구나 알고 있다. 5월 단오가 지나야만 비로소 보릿고개를 간신히 넘어 풋보리로 만든 죽이라도 먹을 수 있다. 정약용은 풋보리죽을 비변사에서 나랏일을 돌보는 대감님들에게 보내 주어 맛을 보게 하면 백성들이 고달파하는 보릿고개의 험난함을 조금이라도 알게 될 것이라 생각했던 것이다. 그는 계속 이어지는 장기농가에서 농촌생활의 고난을 여러 가지로 묘사하였다. 그가 보기에 농촌생활의 어려움 중에서도 가장 커다란 것이 바로 보릿고개의 험난함이었던 것이다.

조선의 농민들은 정부에서 운용하는 환곡還穀에 기대어 보릿고개를 넘을 수 있었다. 농민들이 환곡에 의존하여 춘궁기를 넘기는 것은 곧 보릿고개를 넘는 것으로 달리 표현되었다. 조선의 인민들이 구황식물을 찾아 나서게 되는 시기는 특히 늦은 봄에서 초여름에 걸친 춘궁기春窮期였다. 농가의 궁핍함이 넘쳐 흐르는 시기에 국가는 구황을 애써 수행하였다. 국가에서는 이러한 때를 대비하여 물자와 식량을 비축하도록 전국의 관아에 적극 지시하기도 하였으며, 국민의 기아가 심하면 의창·군자창·상평창에 비축되어 있던 미곡을 풀어 난민에게 쌀과 죽을 나누어 주는 구호소를 운영하기도 하였다.

1795년 정조가 내린 환향還餉(환곡) 책문策問(특정 분야에 대한 계책을 묻는 과거 과목)에 환곡에 의지하여 보릿고개를 넘을 수밖에 없는 상황에 놓여 있던 조선 농민의 처지를 잘 묘사하고 있다.

> 집안은 경석磬石[맑은 소리가 나는 돌]을 매달아 놓은 것처럼 썰렁하고 솥에서는 쌓여 있던 먼지가 일어난다. 빈 항아리에는 낟알 하나도 담겨 있는 것이 없고 이웃에는 한 움큼의 곡식도 빌릴 곳이 없다… 아무리 헤아려 보아도 한 차례 배불리 먹을 수 있는 희망이라곤 없다. 이러한 때에 관아의 문에 방문이 내걸리고 창고를 연다는 날짜가 정하여지면 남녀 할 것 없이 기쁨에 들떠서 빈손으로 갔다가 가득 얻어 돌아오는데, 얻는 것에는 그들 스스로 도리가 있고 취하는 것은 어느 누구도 금하지 않는다. 설날의 세찬으로부터 보릿고개에 이르기까지 이것으로 생활을 하고 이것으로 농사를 짓는다. 서쪽 밭의 종자와 남쪽 들의 점심을 일체 모두 이것으로 마련한다.[114]

정조가 언급한 바와 같이 환곡을 활용하는 구황책이 제대로 그 효험을 거둘 경우 백성의 구제라는 구황 본래의 목적을 고스란히 달성할 수 있었다. 하지만 환곡에 의존하는 것만으로 먹을거리를 확보할 수 없었다. 그리고 환곡이 떨어질 경우 절량絶糧(양식이 거의 떨어짐) 상태에 빠졌을 때 농민들의 삶과 죽음은 구황식물을 획득하여 구황식을 만들어 굶어 죽지 않을 먹을거리를 만들어 낼 수 있는가 여부에 달려 있었다.

조선의 인민들에게 구황식물을 확보하는 것은 보릿고개를 넘기 위한 불가피한 방책이었다. 이런 연유로 산야에서 자라는 구황식물救荒植物을 간파하고, 전토에서 재배할 수 있는 구황작물救荒作物을 판별하는 것은 농민들에게 매우 긴요한 정보였다. 그렇기 때문에 조선 정부도 산야에서 구득할 수 있는 구황식물救荒食物의 종류와 조리 방법 등을 기록한『구황벽곡방救荒辟穀方』·『구황촬요救荒撮要』등 구황서를 편찬하여 보급하였다. 구황서에 기록된 구황방 이외에 민간에서는 오래전부터 내려오는 굶주릴 때 먹고 살아남을 수 있는 구황식물에 대한 정보가 전승되고 있었다.

조선시대에 편찬된 구황서에 실려 있는 구황방은 여러 가지 구황식물救荒食物을 구황식품으로 활용하는 방법을 담고 있었다. 구황식물이란 우선 흉년이 들어 기근이 발생하였을 때 농작물 대용으로 이용하여 식품으로 먹을 수 있는 야생 식용식물

등을 포함한 먹을거리를 종합적으로 가리킨다. 반면에 구황작물이란 흉년이 들었을 때 대신 경작하여 조기에 수확할 수 있는 작물을 가리킨다. 그리고 구황서에 수록된 구황방은 결국 구황식품을 이용하는 방법이었는데, 구황식품에 활용된 재료가 구황식물救荒植物과 구황작물救荒作物이었다. 그리고 구황식물救荒植物과 구황작물救荒作物을 통합하여 구황식물救荒食物로 규정할 수 있다.

구황식물救荒食物을 여러 가지로 조리하여 구황식품으로 만들 수 있었다. 구황식물과 구황작물 등을 주로 이용하여 조리한

식품을 구황식품이라고 부를 수 있다. 구황식물은 경우에 따라서는 생식生食으로 활용할 수 있었다. 하지만 대부분의 경우는 야생에서 채취할 수 있는 구황식물이거나 사람의 손으로 경작한 구황작물이라고 하더라도 식용하기 위해서는 조리 과정이 필요하였다.[115] 초근목피草根木皮를 기본적으로 이용했지만, 일부 곡물·채소 등을 활용하였다.[116] 구황식품으로 활용하는 방법은 가루를 만들어 죽을 쑤어 먹는 방법을 비롯하여 다양한 방법을 동원하였다.

한편 구황식물救荒食物 가운데 기이한 것으로 고려해야 할 것이 바로 백토白土, 백적토白赤土 등으로 사료에 등장하는 '먹을 수 있는 흙'이다. 1423년(세종 5년)의 기록에는 함길도 화주和州에서 흙을 파서 떡과 죽을 만들어 먹었다는 기록도 있다.[117] 백토 등을 쌀가루로 섞어서 먹는 방식으로 요기療飢를 하려한 것이었다. 1444년에는 황해도 해주, 장연에 흉년이 들어 흙을 파 먹고 있다는 보고가 올라오자 세종은 지인知印 박사분朴思賁을 보내어 알아 오게 하였다. 박사분이 돌아와 보고하기를 해주에서 흙을 파서 먹는 자가 30여 인이나 되었고, 장연현長淵縣에서는 두 사람이 흙을 파서 먹다가 흙이 무너져 깔려 죽었다고 하면서, 흙을 먹은 결과 커다란 기근에 이르지 않은 것이라고 설명하였다.[118] 이와 같이 기근이 심각하여 흙 속에 함유되어 있는 유기

물을 구황식물로 활용하는 경우도 있었다.

18세기 인물인 성호星湖 이익李瀷이 지은 『성호사설星湖僿說』
에도 사람이 먹을 수 있는 흙±에 대한 기사가 들어 있다. 이익
이 서술한 바에 따르면 정산定山 지역의 어느 골짜기에서 나온
토맥±脈을 주민들이 거두어 음식을 만들어 먹는데, 쌀 가루 1말
에 흙 5되를 섞어서 떡을 만들어 먹는다는 것이다. 이익은 어떤
사람이 가져와서 자신에게 보여 주었는데, 복령茯苓(소나무 따위의
뿌리에 기생하는 공 모양 또는 타원형 모양의 버섯)처럼 희고 진액津液이
있으며 씹어 보니 흙 기운이 조금 있지만 먹을 만한 식물食物이
라고 정리하였다.[119] 이익은 중국에도 돌이 변해서 밀가루가 된
일이 있었다고 지적하면서 먹을 만한 흙이 있다는 것이 괴이한
일이 아니라고 설명하였다. 이와 같이 살펴볼 때 복령과 유사한
빛깔을 지닌 백토 가운데 먹을 만한 것이 있었던 것으로 생각
된다.

구황식물救荒食物에 속하는 종류가 얼마나 되는지 전체 규모
를 알기는 어렵다. 왜냐하면 구황식물救荒植物은 농작물 대용으
로 기아饑餓에서 구출救出할 수 있는 야생 식용식물이기 때문에
지역적으로, 그리고 계절적으로 채취하고 활용하는 데 여러 가
지 제약이 있기 때문이다. 이러한 점에서 산야, 하천에서 구황
식물로 활용할 수 있는 야생 식용의 종류는 사실 그 정확한 숫

자를 파악하기 어렵다. 1950년대에 임업시험장에서 조사한 바에 의하면 전국적으로 보통 이용하는 구황식물의 전체 종 수는 850여 종이고 그중 대표적 기본종이 304종이라고 한다.[120] 또한 일제강점기에 한국인이 식용할 수 있는 식물을 조사한 모리 다메조森爲三는 233종을 제시하였다. 그리고 하야시 야스하루林泰治는 『구황식물과 그 식용법』에서 한국의 야생 구황식물이 초본草本, 목본木本을 합하여 851종이라고 조사한 결과를 보고하면서 그중 평소 농촌에서 식용하고 있는 것은 304종이라 하였다.[121] 이외에 여러 연구에서 구황식물의 종수를 조사하여 제시하고 있다.

구황작물救荒作物은 비황작물備荒作物이라고도 할 수 있다. 구황작물의 경우 무엇보다도 생육 기간이 짧은 것이 필요조건이었다. 이에 해당하는 것으로 조선시대에 대파작물代播作物로 불린 메밀을 꼽을 수 있다. 조선의 조정은 자연재해로 농사를 망치게 되었을 때 메밀과 같은 작물을 대신 파종하는 대파代播라는 방식으로 대응할 것을 장려하였다.[122] 메밀은 다른 밭작물보다 성장 기간이 월등히 짧아서 7월 중순에 파종하더라도 수확을 거둘 수 있었다.[123] 메밀과 같이 흉년이 눈앞에 닥쳤을 때 이를 구하기 위해 파종하는 작물의 경우 가뭄이나 장마에 영향을 받지 않고 걸지 않은 땅에서도 가꿀 수 있어 흉년으로 기근이 심할 때 주식으로 대용할 수 있었다.

메밀을 대파하도록 장려하는 사례는 여러 가지로 찾아볼 수 있는데 1798년 정조가 화성부에 내린 유서論書(임금이 관찰사, 유수 등에게 내리는 명령서)에서 다가올 흉년을 미리 이겨 내기 위한 정조의 절절한 심사를 잘 찾아볼 수 있다. 정조는 목맥木麥, 즉 메밀을 대파하는 것이 가장 적당한 상황이라고 강조하면서도 이를 백성들에게 제대로 권장해야 할 것이라고 지시하고 있었다. 지금 절후節侯가 이앙移秧하기에도 늦었고, 근경根耕(그루갈이, 한 작물을 수확하고 그 그루를 갈아서 다른 작물을 연이어 재배하기)하기에도 늦었으니 대파代播(앞서 심은 작물 대신 다른 작물을 경작하기)하지 않을 수 없다고 보았다.[124]

대파와 관련해서 19세기 초반 전라도 강진康津에서 유배생활을 보냈던 정약용의 농시農詩 가운데 「평택현에 당도하여次平澤縣」라는 시를 살펴볼 수 있다. 이 시는 정약용이 금정찰방으로 좌천되어 내려가던 시기인 1795년 7월 28일에 쓴 작품이다. 정약용은 이 시에서 메밀의 대파한 이후의 상황을 잘 묘사하고 있다.

금년에는 연해 지방 비가 아니 내려서 /
今年海壖慳雨澤

논마다 메밀꽃이 하얗게 피었는데 / 水田處處蕎花白

먹는 곡식 같지 않고 들풀과 흡사하여 /

不似嘉穀似野草

메밀대 붉은 다리 석양에 처량하네 / 凄涼落日群腓赤

늦게 심은 모포기 두세 치 가끔 푸른데 /

或種晩秧靑數寸

메밀 만약 심었다면 저처럼 자랐으련만 /

悔不種蕎如彼碩

메밀 익어 장에 가서 쌀과 서로 바꾼다면 /

蕎成走市換稻米

가을 되어 고을 환자 어찌 충당 못할쏘냐 /

秋來豈不充縣糴[125]

위의 시에서 묘사된 바와 같이 6월 초순 무렵에 메밀을 대파
한 이후 7월 말에 이르게 되면 메밀이 상당한 정도로 성장한 상
황이었다. 정약용은 메밀을 대파代播하였을 경우 최소한 환자미
를 갚을 수는 있을 것이라고 설명하고 있다.

조선 후기 구황작물의 대표적인 것이 감저甘藷, 즉 고구마라
고 할 수 있다. 18세기 후반이 되면 구황작물의 하나로 고구마
를 파종하여 경작하기도 하였다.[126] 고구마 경작은 1763년 일본

에 통신사 정사正使로 건너간 조엄趙曮 등이 종자를 구해 가지고 온 것에서 비롯된 것이었다.[127] 이렇게 구한 종자를 이광려李匡呂, 강필리姜必履 등이 취득하여 재배법을 정리하고 조선에 전파시켰다.[128]

18세기 후반 정조 재위 당시 고구마를 심어서 구황 효과를 거두어야 한다는 논의가 일어났다.[129] 1794년 호남 위유사慰諭使로 파견되었던 서영보徐榮輔는 별단別單을 올려 지금 연해沿海 제읍諸邑에서 심고 있는 고구마 경작을 확대해야 한다는 대책을 내놓고 있었다.[130] 응지농서를 올린 상주尙州 유학幼學 이제화李齊華는 고구마가 구황에 적합한 작물이라는 주장을 펴고 있었다. 그는 고구마가 중국과 일본에서 광범위하게 지천으로 재배되고 있는 현실에 근거하여, 고구마를 조선의 제도諸道에 널리 보급하여 곡물의 부족한 부분을 보충하고, 무농務農하는 데에도 일조할 수 있도록 해야 한다고 주장하였다.[131] 18세기 중후반에 도입된 고구마의 경작은 구황에 커다란 도움을 줄 것으로 기대되었지만 실제 보급 정도는 미미한 형편이었다.

조선의 중앙정부는 구황을 실행하기 위해 먼저 곡물을 활용하였다. 구황을 위해 개설한 진제장賑濟場에서 미곡米穀, 잡곡雜穀 등으로 죽을 끓여 굶주린 백성들에게 나누어 주었다. 이와 같은 구황에 사용한 곡물과 구황식품은 구별해서 파악해야 할 것으

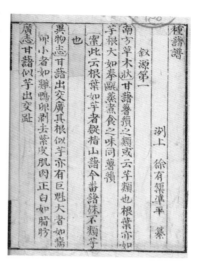

고구마가 조선에 도입된 이래 개발한 경작법과 중국의 고구마 경작법을 종합 정리하여 편찬한 책이다.

로 보인다. 구황용 곡물을 대개 환곡 형태로 이미 관아에 보관되고 있었던 반면, 구황식품은 그때의 흉황으로 말미암아 채취한 것으로 볼 수 있기 때문이다. 또한 구황이라는 특수한 목적을 위해 경작한 구황작물이거나 야생에서 채취한 구황식물에 해당되는 것이 구황식품이라고 보아야 할 것이다. 이에 반하여 환곡으로 창고에 보관 중인 곡물은 구황을 대비하기 위해 저축된 곡물이라는 점에서 구황식품으로 보기는 적절하지 않다. 따라서 곡물을 제외한 구황에 활용하는 식품을 구황식품이라고 할 수 있다.

구황식물은 기근이 들어 그때에만 필요에 의해 이용되었던 식물이라는 범주를 벗어나 가난한 농민들이 균형 잡힌 식품 섭취는커녕 생존조차 위협받는 극빈한 상황 속에서 살아남기 위해 산과 들에서 자연식품自然食品을 찾아 나서게 되어 개발되었다고 보기도 한다.[132] 이러한 견해에 기본적으로 동조하지만, 극빈한 상황에서 살아남기 위해 자연식품을 개발한 것이라기보다 그동안의 식생활에서 익숙하게 자리잡고 있던 자연식품을 흉황이 닥쳤을 때 적극 개발하여 구황식품으로 활용한 것으로 보는 것이 좋을 것으로 생각된다. 왜냐하면 흉황이 전년도 가을에 이미 발생한 상황이고, 대표적인 구황식품은 봄철에 채취할 수 있는 식물들이 대부분이기 때문이다. 또한 풍년이 든 해라도 하더라도 제철에 생기는 식물체를 식용으로 활용하는 사정을 감안한다면 극빈한 상황에서 살아남기 위한 구황식품 개발로만 보지 않는 것이 좋을 것이다.

구황식물은 굶주림을 해결하는 음식이지만, 시대적, 계절별로도 차이가 있고, 또한 지역별로도 차이가 있을 수 있다. 구황식품의 주재료가 되는 '구황작물'은 '흉년 따위로 기근이 심할 때 주식물 대신 먹을 수 있는 농작물'이라고 할 수 있다.[133]

구황식물의 종류로는 산과 들에 자생하고 있는 식물의 잎·줄기·뿌리·꽃 그리고 나무의 열매나 껍질 등이 주종을 이루었다. 또한 곡식을 가공하고 남은 찌꺼기나 곤충·개구리·해초 등도 이에 포함되었다. 산야에서 자라는 식물 가운데 돌나물·원추리·취나물·두릅·참나물·더덕·당귀·쏨바귀·참가죽·냉이·애쑥·돌미나리 등이 바로 구황식물이었다. 비상시에 식량대용으로 쓰인 식물과 열매 등은 뿌리를 먹는 것, 과육을 먹는 것, 종실을 먹는 것, 꽃가루와 꽃잎을 먹는 것, 나무껍질을 먹는 것 등으로 나누어진다. 식물에 따라 먹을 수 있는 식물을 보면 소나무·도라지·칡뿌리·도토리·토란·느릅나무·고사리·뽕나무·복령·마·대나무 열매·더덕·둥굴레·쑥·가무태나무·찰밥나무

그림 21 『구황촬요』 미숫가루 만드는 법, 서울대학교 규장각 한국학연구원

『구황촬요』에 수록된 내용인데, 솔잎 가루, 콩 가루를 냉수에 타서 먹으면 오랫동안 뛰어도 배고프지 않다는 내용의 구황방이다.

등과 산열매를 들 수 있다.

이러한 산야초는 곡물과 섞어서 죽을 쑤어 먹던지, 나물을 무쳐 먹기도 하며 자체를 조리해 먹기도 하였다. 구황식품은 산야山野에 자생하는 구황식물을 비롯하여 구황작물, 그리고 채소류, 일부 곡류 등을 활용하여 조리하는데, 평소에는 먹지 않는 생선, 곤충, 동물 등을 포함하기도 한다. 시기와 지역에 따라서 차이가 있지만, 산채山菜, 과실果實 등이 주로 이용되었다. 『구황촬요』 등 구황서에 실린 구황방도 대부분 구황식품 조리법에 해당한다고 볼 수 있다. 구황식물의 몸체 가운데 새순, 줄기, 잎, 뿌리, 과육果肉, 종실種實, 꽃, 껍질 등을 식용으로 이용하였다. 특히 송엽松葉과 유피楡皮는 조선시대 구황서에 등장하는 유력한 이용대상물이었다.

조선시대 전반에 걸쳐 구황식물의 종류를 따질 때 가장 먼저 살펴볼 것이 바로 『구황촬요救荒撮要』에 보이는 구황식물들이다. 조정에서도 구황에 필요한 식물食物을 미리 마련할 때 『구황촬요』의 기사 내용을 참고하였다. 예를 들어 1593년 선조는 진휼할 때 『구황촬요』에 실려 있는 상실橡實(도토리, 상수리), 송피松皮, 초식草食에 관한 물건을 마련하여 조치하라는 지시를 내렸다.[134] 『구황촬요』를 검토하여 구황식물을 마련하라는 선조의 지시는 당연한 것이었다. 왜냐하면 당시까지 가장 세밀하게 구황식물을 제시하고, 개개의 구황식물을 어떻게 조리하여 식용할 것인지 그 구황방救荒方을 종합적으로 제시하는 유일한 책이 『구황촬요』였기 때문이다.

16세기 중반 명종 대에 편찬된 『구황촬요』에 들어 있는 구황식물을 조사하면 다음의 【표2】와 같다. 『구황촬요』는 구황작물을 각각의 항목으로 기술한 것이 아니기 때문에, 원문에 대응한 언해문을 통해 구황음식과 재료의 명칭을 살펴볼 수 있다. 이광호가 『구황촬요』(충남대본, 1554), 『구황촬요벽온방』(일사본, 1639),

한자어	현대어 풀이	한자어	현대어 풀이	한자어	현대어 풀이
천금목피千金木皮	붉나무 껍질	송엽松葉	솔잎	유피楡皮	느릅나무 껍질
송엽말松葉末	솔잎 가루	유피즙楡皮汁	느릅나무 껍질즙	송엽죽松葉粥	솔잎 죽
태말太末	콩 가루	생태生太	생콩	유피병楡皮餠	느릅나무 껍질떡
구糗	미시	금천주千金酒	붉나무 술	나간糯稈	찰벼 짚
구말麴末	누룩 가루	미죽米粥	쌀죽	곡말穀末	곡식 가루
백미白米	백미	피맥皮麥	겉보리	속직粟稷	조피
사삼沙蔘	더덕	길경桔梗	도라지	말장末醬	메주
태각	콩깍지	태엽太葉	콩잎	청장淸醬	간장
두장豆醬	콩장	유실楡實	느릅나무 열매	삼糝	버무리
목맥화木麥花	메밀꽃	곡근穀根	곡식 뿌리	각말殼末	깍지 가루
서토이채西土里菜	사태올	목적말木賊末	속새 가루	해채海菜	바다 나물

표 2　『구황촬요救荒撮要』 수록 구황식물救荒食物의 한자어와 현대어 풀이

『신간구황촬요』(장서각본, 1660)의 순으로 비교하여 구황음식과 재료의 명칭을 제시한 연구[135]를 보면 다음과 같은 구황식물의 이름이 등장하고 있다.

위의 【표 2】를 보면 구황식물로 이용되는 것이 다종다양하다는 점을 먼저 알 수 있다. 이 가운데 대부분은 초목草木의 범주에 들어가는 것이지만, 구체적으로 보면 목木에 해당하는 것은 소나무, 느릅나무, 붉나무 정도에 불과하다. 나머지 대부분은 초草에 해당하는데 그 중에서도 산과 들에서 자라는 산야초山野草들이 제일 많고, 여기에 곡물, 곡물가루, 껍질, 짚, 꽃 등이 추가되어 있다. 그리고 해채海菜와 같은 해산물도 포함되어 있다. 그리고 마지막으로 구황식물로 주목해야 할 것은 바로 장醬에 해당하는 말장末醬(메주), 청장淸醬, 두장豆醬 등이다. 장을 만드는 것은 같이 소금이 반드시 필요하였다.

『구황촬요』에 등장하는 각종 구황식물은 다른 사료에서도 확인된다. 1434년 경상도 진제경차관賑濟敬差官이 세종에게 보고하기를 "구황救荒하는 물건으로는 도토리가 제일이고, 소나무 껍질이 그다음"[136]이라고 보고하는 내용 속에서 도토리, 송피松皮가 요긴한 구황식물임을 알 수 있다. 당시 진제경차관은 소나무의 벌채가 금지되어 있지만, 기민들이 소나무 껍질이라도 먹어야 연명할 수 있으니 소나무 벌채 금지를 풀어 달라고 요청하였다. 세종은 이러한 요청을 받아들였다.

조선 전기에 농민들이 목숨을 이어가는 데 가장 큰 몫을 하는 것은 도토리로 간주된다. 본래 우리나라에서는 떡갈나무가 많아서 집마다 몇 섬씩 주워 모을 수 있었지만 이것으로 겨울의 기근을 넘기는 것이 고작이었다. 그래서 세종 대는 많지는 않지만 무우와 귀리가 구황작물로 보급되었다.[137] 이밖에 칡, 더덕, 마, 도라지, 등이 기근을 넘기는 중요한 수단이였으며, 대나무가 자라는 곳에는 그 열매가, 바다가 가까운 지역에는 황각, 청각 등 바다풀이 큰 도움이 되고 있었다. 또 소나무 껍질은 도토리 다음으로 구황에 요긴하였다. 소나무를 국가가 토목공사나 전함을 만드는 데 쓰기 위해 엄격히 보호하였지만,[138] 금송禁松 지역 이외의 곳에서는 소나무 껍질, 솔잎을 활용하였다.

소나무, 도토리 이외에 많은 구황식물을 열거하고 있는 기사를 『선조실록』에서 찾아볼 수 있다. 당시 전란 중이기는 했지만, 구체적인 구황식물을 손으로 꼽을 수 없을 정도로 많이 나열하고 있어 관심이 가는 기사이다. 그에 따르면 구황에 대비하기 위해 도토리, 소금, 미역, 황각黃角, 해채海菜, 콩깍지, 콩잎, 여뀌 등의 각종 초식草食할 거리를 마련해야 한다는 것이었다. 또한 금년에 도토리는 곳곳에 풍성하니, 근면 유능한 사람을 선택해서 굶주린 백성 중에서 대가로 요미料米를 받으려 하는 자를 많이 거느리고 서울 근처 산골짜기에서 따게 할 것을 건의하였다. 이 기사 내용은 진휼사賑恤使 박충간朴忠侃이 올린 보고문[139]인데, 당시 상실橡實 채취를 국가적인 차원에서 지방관의 책임 아래 시행되고 있다는 점도 알 수 있다.

8

농민들의 농사짓기와 역사 발전

조선시대 농민들의 농사짓기를 종합적으로 살펴보면서 마무리로 검토할 부분은 농민들의 농사짓기가 갖고 있는 역사적 의의에 대해서 따져 보는 것이다. 이를 위해 먼저 살펴보아야 할 부분은 노농老農의 존재에 대한 설명이다. 조선시대 농민 가운데 한국사의 발전과 관련하여 주목해야 할 존재는 노농이라고 일컬어지는 사람들이다. 우리가 주목하는 노농은 노숙한 농부, 또는 노련한 농부라고 풀이될 수 있다. 노농은 농민으로 태어나서 농민으로 자라면서 농업생산활동에만 전념해 온, 그리고 이제는 농민으로 원숙한 시기에 들어서서, 농업 기술의 전반적인 부분에 익숙하고, 다른 젊은 농민, 미숙련 농민을 가르치는 입장에 놓여 있는 농민이다. 이들이야말로 농민의 농사짓기를 검토하는 데에 우리가 주목해야 할 직접적인 대상이라고 할 수 있다.

노농은 농사의 시작부터 끝까지 전 과정을 담당하였다. 종자 선택, 기경, 파종, 복종, 제초, 물 관리, 수확, 저장 등 전 과정 직접 담당하거나, 그것을 실행할 시기와 방법을 지시하는 사람이었다. 그는 한 농촌마을의 농사에 정통한 사람이었을 뿐 아니라, 군현의 농사행정을 책임지는 수령의 자문에도 응하는 존재였다. 현재 우리의 농촌은 많은 젊은 사람이 떠나 버리고 늙은 농민老農만 남아 논밭을 지키는 형국에 처해 있다. 지금은 늙고 농사일에 노련한 농민이 제대로 대우를 받지 못하고 있는 형편이지만 조선 시기에는 이와는 사정이 달랐다. 노련한 농민은 당시의 형편에서 농사일에 대한 전문가로 대접받았다. 국가에서 또는 지방 수령이 농사일에 대한 자문을 구할 때 가장 먼저 찾아가야 할 사람이 바로 늙은 농민이었다.

조선시대에 농민들의 농사짓기의 전모를 농민들 자신들이 제대로 파악하고 있었다는 점은 국왕, 관료, 지배층 내부에서 너무나 명확한 참인 명제였다. 『태종실록』 1414년(태종 14) 2월의 기사에서 태종과 의정부 사이의 미묘한 입장 차이를 찾아볼 수 있는데, 이는 곧 노농들이 농사짓기에 대하여 전문가라는 점을 잘 보여 준다. 해당 기사의 제목에 해당하는 구절은 "태종이 권농을 신칙하라는 명을 내렸다"는 것인데 이는 의정부의 입장이고, 나중에 『태종실록』을 편찬한 실록 찬수관의 입장으로 보인다. 이때 의정부는 다음과 같은 계문을 올려 수령들이 권농勸農을 힘써 권과勸課해야 한다는 책무를 강조하였다.

"소민小民은 마땅히 농사에 힘쓰는 것을 급무急務로 하여야 하고 수령守令은 오로지 농상農桑을 권과勸課[권장하고 맡김]하는 것을 임무로 하여야 합니다. 여러 도道의 주州·현縣이 풍토風土가 같지 않으므로, 심는 곡식도 본래 스스로 의토宜土[토양 적합성]가 다르고, 갈고 심는 절후節侯도 또한 빠르고 늦음이 있습니다. 원컨대, 의토宜土의 곡식과 파종播種하는 절후를 갖추어 써서 포고布告하여, 수령守令으로 하여금 권과하는 방도를 알도록 하여, 때를 알려 주면 거의 백성들이 때를 잃지 않을 것입니다."140

위와 같은 내용의 의정부 계문에 대한 태종의 응답은 노농에게 굳이 파종 절후 등을 포고할 필요가 없다는 것이었다. 그리고 이어서 정부가 강조해야 할 바는 급시, 즉 적시를 지키게 감독해야 한다는 점이라고 강조하였다.

"내가 일찍이 어느 들[野]의 경작지를 보았는데, 일반 곡식은 그 성숙成熟하는 데 선후가 있었으니, 어찌 땅과 곡식 종자의 죄이겠는가? 이것은 인력人力이 부지런하고 부지런하지 않는 것에 달려 있다. 그러므로, 일찍이 정부에 명령하여, '수령守令으로 하여금 권과勸課에 힘쓰도록 하라'고 하였다. 그 서리가 내리기 전에 익지 않는 벼[秝]가 없는데, 정부에서 어찌하여 과인의 뜻을 모르는가? 곡식의 이름과 파종의 시기는 노농老農이 아는 것이니, 포고布告할 필요가 없다." 이에 하지下旨[임금의 명령을 내림]하였다. "권농勸農은 정치의 근본이 되는데, 각 고을의 수령은 밭 갈고 김매고 곡식 거두는 따위의 일에 즐겨 마음을 쓰지 아니하여, 일반 곡식으로 하여금 혹은 서리 때가 지나도록 여물지 않도록 하거나 혹은 수확收穫을 일찍이 하지 아니하여 바람과 비에 닳아 없어지고 있다. 금후로는 수령守令이 때에 따라 감독하여 백성들로 하여금 가지런히 파종播種을 하여 그 성숙을 제때에 하게 하고, 즉시 베어서 수확하게 하소서."141

위에서 살펴본 태종과 의정부의 입장 차이는 결국 노농의 전문가로서의 소양에 대해서 주목하는 태종과 수령에게 농사의 권과를 지시해야 한다는 의정부 사이에서 나타난 것이라고 할 수 있다. 두 입장은 겉으로는 서로 배척하는 듯 보이지만, 실상 서로 보완하는 내용으로 해석할 수 있다. 즉 수령에게 농사를 권과하는 의무를 부과하고 있지만 이는 농사 전문가인 노농에게 농사일의 구체적인 기술적인 내용을 가르치라는 것이 아니라 농사를 제때 작업하도록 권장하는 것으로 해석하는 것이다.

노농의 존재는 농서 편찬 과정에서 보다 분명하게 나타난다. 세종이 『농사직설』(1429)을 편찬하기 위하여 충청도·경상도·전라도관찰사에게 농업 기술을 수집하라는 왕명을 내리면서 강조한 것도 당시 각 지역의 가장 선진적인 농사 기술을 수집하기 위하여 그 지역의 노련한 농민을 방문하는 것이었다. 『농사직설』에 대해서 16세기 후반에 성혼成渾이 내린 평가를 보면, 『농사직설』이 진실로 농사를 배우는 묘결妙訣이고 농부가 마땅히 먼저 수행해야 될 일이라고 평가하였다. 성혼은 또한 『농사직설』을 농부가 우선 힘써야 할 바라고 진단하기도 하였다. 그는 전원田園으로 돌아가도록 임금께서 은혜롭게 허락해 주셨으므로 물러나 백성들과 지내면서 이웃집 늙은이들과 함께 동쪽과 북쪽 언덕 사이에서 뽕나무를 가꾸고 삼을 기르는 방법을 이야기할 텐데 그때 『농사직설』을 읽으며 서로 강론하고 쟁기

자루를 잡고 들로 나아간다면 미천한 신하가 군주께서 하사하신 물건을 받아 이용하는 것이 될 것이라고 추정하였다. 그런데 문제는 『농사직설』에 뽕나무를 거론한 부분이 없다는 점이다. 이러한 문제는 성혼이 농민과 더불어 농사일을 논의하는 데 『농사직설』을 참조할 수 있을 것으로 추정하고 있다는 점에서 유래한 것으로 보인다. 즉 성혼은 『농사직설』의 내용을 구체적으로 파악한 경지에 도달한 것이 아니라 『농사직설』의 역사적 의의에 먼저 눈길이 갔던 것으로 보인다.

『농사직설』은 당대 하삼도 지역 노농의 농사 경험, 견문, 지혜를 문자화한 것이었다. 농민이 실제로 개발하고 전승한 농법을 기록한 것이라는 점에서 커다란 의의를 갖고 있었다. 그렇기 때문에 『농사직설』의 보급 대상은 농민이 아니었다. 세종 대 권농의 실시를 담당하는 책무를 지닌 수령과 수령으로 나서야 할 관료층이 바로 『농사직설』의 반포 대상이었다. 이점에서 세종 대 권농의 실시와 『농사직설』 편찬이 서로 맞물리는 의의를 부여할 수 있다고 생각된다. 『농사직설』이 편찬된 이후 조선의 농서 편찬에서 『농사직설』은 틀림 없이 계승해야 할 하나의 전범 典範으로 간주되었다.[142]

다음으로 강희맹의 질문에 해답을 제시하는 노농의 실체를 『금양잡록』에서 찾아볼 수 있다. 노농과 농사짓는 기술, 방법에 대한 검토에 유의해야 할 자료가 강희맹姜希孟의『금양잡록衿陽雜錄』이다. 강희맹은 관직생활 중에 보고 들은 것과 금양에 퇴거해 있으면서 경험한 것을 모아『금양잡록』을 지었다. 그가 이책을 지은 시기는 성종 대에 사환에서 물러난 때였다. 그는『금양잡록』을 저술하면서 지역적인 농업 관행에 주의를 집중하여 정리하고 있었다.『금양잡록』은 개인이 편찬한 사찬농서이며 또한 지역적인 농업 기술의 특색을 수록한 이른바 지역농서의 효시라고 할 수 있다.

『금양잡록』의 주요 내용은 대부분 강희맹과 금양 지역 노농 사이의 문답 형식으로 정리되어 있다. 「농가農家」는 농사의 중요성을 강조하고, 금양 지역 부로父老들의 말을 인용하여 농사의 주요 사항을 정리한 부분이었다. 다시 말해 농사에 익숙한 부로인 노농의 말에서 경운하는 법, 즉 재배법을 채록한 것이다. 따라서『금양잡록』의 내용은 대부분 강희맹이 접촉한 농민의 입을 통해 전달되고 문자화된 농민의 농업 기술이었다.

「곡품穀品」 부분은 벼와 다른 잡곡의 품종을 정리하여 소개한 것이다. 15세기 중후반 경기 지역에서 통용되었던 도종稻種뿐만 아니라 대두·소두·대맥·소맥 등 밭작물의 품종에 대해서도 정리하여 수록하였다. 이때 각 곡물의 여러 품종이 지닌 종자로서의 다양한 성질을 여러 요소로 분석하여 그 차이점을 밝

히고, 이에 따라 분화되고 특성화된 품종에 대한 종합적인 설명을 담고 있다. 예를 들어 도종의 경우 까락芒·귀 등과 같은 외형적 특색과 바람에 대한 적응도와 같은 내면적인 특성에 따라 구분하여 조도早稻에 3종, 차조도次早稻에 4종, 만도에 14종, 한도旱稻·산도山稻에 3종, 찰벼에 3종 등 모두 27개의 벼 품종을 제시하였다.

「농담農談」은 금양의 지역적 농업 현황에 따라 지역적인 작물 재배법을 설명하였다. 그리하여 깊게 갈기深耕와 빨리 파종하기早種 그리고 씨앗 많이 뿌리기密播와 자주 김매기數耘 등을 꼭 해야 할 일로 지목하고 강조하고 있다. 그리고 「농자대農者對」에서는 농부 중에 천시天時와 지리地利를 잘 알아 백배의 수확을 얻는 상농上農과 천시와 지리는 모르지만 뛰어난 기술이 있어 10배의 수확을 얻는 중농中農, 별다른 능력이 없이 부지런히 노력하여 배의 이익에 그치는 하농下農의 존재를 나누어 설명하면서, 선비들도 발군의 노력을 기울여야 한다는 점을 강조하였다.

「제풍변諸風辨」에서는 바람의 피해는 '어떤 바람이 불면 해가 된다'는 절대적인 기준으로 파악할 수 없는 바람의 속성 때문에 손익損益을 시기에 따라 자세하게 살펴야 한다는 내용을 서술하고 있다. 그리고 「종곡의種穀宜」에서는 습기가 많고 비옥한 땅에서는 일찍 파종해야 마땅하고, 마르고 강건한 땅에서는 늦게 파종하는 것이 마땅하다고 강조하고 있다. 마지막으로 「농구農謳」에서는 농가에서 불리는 노래를 소개하고 있다. 이와 같이 강희맹의 『금양잡록』은 금양 지역 농민들의 농업 기술 경험과 지식을 문자화시킨 농서로 볼 수 있을 것이다.

17세기 중반 효종 대인 1653년에 공주목사로 있던 신속申洬이 『농사직설』의 내용에 상당한 분량을 증보하면서 『농가집성農家集成』을 편찬할 때 참고한 것도 당시의 속방俗方 즉 어느 지역, 어떤 사람들이 사용하고 있던 선진적인 기술이었다. 지금

과는 비교할 수도 없을 정도로 노농에 대한 인식과 평가가 높은 수준을 나타냈다. 오히려 농민의 연륜이 훨씬 대우를 받는 시절이었다고 할 수 있다. 이들 노련한 농민들은 하루살이와 한해살이를 계획하고 조정하며 집행하는 주체로서 농업생산활동의 중심에 서 있었다. 노농을 중심으로 하나의 가족은 내부의 분업체계를 구성하고 농업활동을 중심으로 하루살이와 한해살이를 꾸려 나갔다.

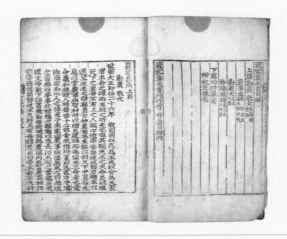

그림 23 『농가집성』(태인판), 국립한글박물관

1653년에 공주 목사 신속이 『농사직설』『금양잡록』 세종의 권농교서, 주자의 권농문 등을 모아서 만든 농서이다. 신속은 민간의 속방俗方 등을 수입하여 1429년에 편찬된 『농사직설』의 내용을 크게 증보해 놓았다.

조선 후기 당시 경기 남부 지역에 해당하는 남양도호부에 거주하던 민인民人들의 농업관련 실상, 즉 농촌생활의 일상, 농법의 특색, 농업생산의 특징 등을 찾는 연구 즉 조선 후기 남양도호부의 농업 관련 사실史實을 검토하는 작업에서 눈길을 끌어당긴 인물이 바로 이옥李鈺(1760-1815)이다. 이옥은 주변의 농리農理에 해박한 사람들과 농사를 대화의 주제로 삼아 이야기를 나누고 그러한 내용을 『백운필』에 수록하였다. 조선왕조의 농서 편찬에서 노농이 주요한 발화자 또는 정보 제공자로 등장하는 것은 늘상 벌어지는 일이었다. 대표적으로 강희맹이 지은 『금양잡록』은 내용 자체가 강희맹과 어느 이름 모를 노농사이의 문답으로 구성되어 있다. 이러한 측면에서 『백운필』에 보이는 농리에 해박한 사람들과의 농사 주제의 담화는 그 구성 방식이나 내용에서 농서의 성격을 부여하기에 충분한 조건이라고 생각된다.

일찍이 우리 마을에 살고 있는 김옹金翁이 농리農理를 능숙하게 꿰차고 있었는데 이웃에 사는 한옹韓翁과 더불어 여러 곡식에 대하여 논하는 것을 들었다. [김옹이] 말하기를 "한 낟알로 한 말을 거둘 수 있는 것은 오직 수수가 그러하다"라고 하자, 한옹이 믿지 않았다. 김옹

이 더불어 한 동이 술을 내기로 걸었다. 봄에 삼태기 하
나에 비토肥土를 가득 담고 수수 4, 5립을 심었다. 싹이
트자 드디어 건실한 것 하나만 남기고 나머지를 제거
하였다. 또한 거름을 넣어 주었다. 가을이 되어 추수하
여 양을 헤아리니 과연 한 말이었다.[143]

수수가 다수확성이라는 점을 강조하는 이야기이지만, 실제
로 낟알 하나로 한 말을 거둘 수 있다는 것에 대해서는 신빙성
에 대한 의문이 제기될 수 있다. 하지만 위 인용문을 통해 당시
농사에 대한 문답이 오고 간 상황을 다각도로 추론할 수 있다.
먼저 이웃에 사는 김옹과 한옹 두 사람 모두 농리農理에 대한 전
문가적 식견을 갖고 있는 것으로 간주할 수 있다는 점이다. 이
들은 농리에 대한 토론을 진행하면서 상호 검증을 수행하고 있
다. 또한 두 사람의 농리 대결의 결과는 실험, 시범을 통해서 이
루어지고 있다는 점을 찾아볼 수 있다. 농작물 재배에서 새로운
품종 개발을 위한 시험 연구는 오랜 기간이 필요한 일이었다.
품종 개발 연구의 소요시간이 대폭 줄어들게 된 것은 현대 농학
의 발달을 기다려야 가능한 것이었다.

조선 후기 18세기 후반이 되면 농촌에서 농업생산과 관련된
직임을 새롭게 마련하여 적당한 인물에게 맡겨야 한다는 논의

가 등장하고 있었다. 이때 농관農官 등으로 불린 향촌에서 농업 생산을 감당하고 감독하며 관리하는 직임을 맡아야 할 주요한 대상자가 바로 노련한 농민이었다. 물론 농업생산을 전체적으로 총괄하여 권장하고 감독하는 것은 주부군현의 수령이 책임지고 감당해야 할 직무였다. 하지만 농촌의 수많은 마을을 모두 상세하게 장악하여, 농형이나 우택을 자세하게 파악하는 것은 매우 어려운 일이었다. 여기에 면리面里의 면임面任과 이임里任이 일정 정도 권농과 감농을 담당하였지만, 농업생산과 관련된 직무를 전담할 새로운 직임, 직책을 마련해야 한다는 논의가 계속 등장하였다.

남원 전 현감 장현경의 응지농서에 "전준田畯[권농 성격의 직임]을 선택 임명하여 근실한지 태만한지 살펴서 상을 주거나 벌을 주는 일이다"라는 조목이 들어 있었는데 이러한 주장이 바로 마을의 농관을 택정하여 권농, 감농을 맡겨야 한다는 것으로 파악할 수 있다.[144] 장현경의 주장과 유사하게 순장 정도성도 마을 주민이 힘써 경작하게 하는 책무를 면임에게 맡겨야 한다고 주장하였다.[145]

장현경은 '농관'의 임명과 더불어 권농의 한 방책으로 종곡種穀의 분급分給을 주목하였다. 그는 환곡을 운용하면서 가을에 돌려받을 때 종자로 활용할 것을 따로 보관하고 이때 호명戶名을 기록해 두었다가 봄에 분급할 때 호명에 따라서 나누어 주는 방식이 좋을 것이라고 하였다. 이러한 일이 수행해야 할 책무를 짊어진 것이 바로 농관, 수령으로 이어지는 권농 직무 담당의 선후 체계였을 것으로 추정된다. 장현경의 주장에 대한 아래와 같은 비변사의 검토보고에서 그러한 사정을 짐작할 수 있다.

> 종곡의 분급은 마땅히 주의를 기울여야 하는 것이지만 수령이 일 처리를 중요롭게 하는가 여부에 달린 것이다. 호명戶名을 각각 적어 두었다가 해당 호에 나중에 돌려서 분급하는 것은 일반적인 정식으로 삼아 군현마다 강행하기는 어려움이 있다. 대개 종자를 잘 살펴서 좋은 종곡을 가려서 보관하다가 각별히 넉넉하게 나누어 주는 것은 권농勸農에서 먼저 해야 할 임무이고 수령이 담당할 커다란 직무이다. 이것을 대충 소홀하게 한다면 [수령의] 다스림의 잘못됨을 알 수 있다. 제도諸道에 분부하여 해마다 담당해야 할 과업으로 삼고 수령의 치적을 평가하는 하나의 일로 갖추어야 할 것이다.146

장현경이 주장한 종곡 분급 관련 부분이 결국 수령의 권농勸農에 연관된 것이었고, 이는 수령의 지시를 받아 마을에서 농사

관련 직무를 수행할 것으로 설정된 '농관'이 감당해야 할 일이라고 보지 않을 수 없다.

또한 남원 유학 노익원盧翼遠도 농사 기술을 전수하는 직임을 따로 마련해야 한다는 주장을 펼쳤다. 노익원은 수차를 제조하는 것, 제당堤塘을 축조하는 일, 부종付種, 즉 직파를 권장하는 일 이렇게 3가지를 무농務農의 커다란 요체라고 파악하였다. 이와 더불어 그는 읍邑에 농사農師를 두어 만약 농사를 일으키고 농사를 권장하는 실효를 거둬야 한다고 강조하였다. 이때 농사의 임용은 지벌地閥에 구애하지 말아야 한다는 점을 주의점으로

그림 24 활성 농기, 국립민속박물관

농촌 마을에서 공동노동을 하거나 마을 행사를 할 때 활용하던 농기로, 활성 농기는 일제 강점기에 제작된 것이다.

지목하였다.[147] 노익원의 주장은 농업 기술의 보전과 전승을 농사를 통해서 군현마다 실행해야 한다는 점을 강조한 것이었다.

18세기 후반에서 19세기 초반에 이르는 시기에 서유구徐有榘도 '농관農官'의 성격에 해당하는 직임을 통해 농업의 진흥을 이끌어야 한다는 주장을 펼치고 있었다.[148] 그것은 바로 서유구의 둔전屯田 설치론에 내재되어 있는 논리였다. 서유구가 설치하자고 주장한 경사 둔전은 농법農法, 수리법水利法 등을 시험하여 새로운 기술을 개발하고, 이를 사도팔도로 보급하는 곳으로 '조선 농사시험장'으로 볼 수 있는 기관이었다. 경사 둔전에서 개발하려는 농법의 근간은 바로 영남좌도인, 해서관서인의 농업 기술이 바탕이 되는 것이었다.

노농을 비롯한 조선시대 농민의 농사짓기는 고단함의 연속으로 구성되었다. 장밋빛 미래가 보장되어 있거나 꿀물이 뚝뚝 떨어지는 무릉도원이 눈앞에 펼쳐지는 희망에 가득한 나라에서 살게 될 전망도 별로 없었다. 그렇다면 도대체 조선 시기 농민의 삶은 우리나라, 우리 민족의 역사에서 어떠한 의미를 가진 것일까 라는 의문이 제기된다. 역사가들이 목을 매어 의지하고 있는 사료에서는 농민의 삶이 잘 드러나지 않는다. 그런데 우리는 조선 전기 청백리로 유명한 황희黃喜의 한 일화에서 농민의 삶이 가진 역사적 의미를 도출해 낼 수 있다. 재상이었던 황희는 어느 날 길을 걷다가 누렁소와 검정소 두 마리 소에 쟁기를 매고 농토를 갈고 있는, 노농임이 분명한 농부를 만난다. 황희는 갈 길을 멈추고 길가에서 쉬면서 그윽한 눈길로 용을 쓰고 있는 두 마리의 소를 바라보다가 갑자기 누렁소와 검정소 가운데 어느 소의 힘이 센지를 노농에게 물었다. 그러자 쟁기질에 여념이 없던 노농은 즉시 대답할 생각을 하지 않고 쟁기질을 멈추고, 황희를 소들이 보이지 않는 다른 쪽으로 데려갔다. 노농은 두 마리의 소가 행여 들을까 안절부절못하면서 귓속말로 사실을 일러 줬다. 황희는 노농이 두 마리의 소를 공평하게 대우하는 넉넉하고 경건한 마음가짐과 미물도 함부로 대하지 않는 진실한 태도에 감동을 받는다.

황희와 노농이 등장하는 이 일화에서 주인공은 바로 황희가 아니라 노농이었다. 분명히 황희가 이름 모를 노농에게 삶과 역사를 꿰뚫는 한 수를 배운 것이었다. 그런데 이 일화의 주인공인 노농은 어디에 사는 누구였는지 전혀 확인할 수 없는, 역사에서 잊혀진 인물이 되고 말았다. 자신의 이름 석 자를 제대로 쓸 줄 알았는지, 또는 그 자손이 제대로 제사라도 모시고 있는지 전혀 알 길이 없다. 그렇지만 그는 당대의 명재상 황희의 경망함을 깨우쳐 줄 수 있는 삶의 지혜를 한 아름 안고 살아가던 사람이었다. 그리고 새로운 농업 기술을 개발하고 이웃에게 가

르쳐 주면서, 마음의 대소사에 이것저것 훈수를 놓을 수 있는 사려를 갖춘 인물이었다. 그가 있음으로 해서 주변의 다른 사람들이 제대로 살아갈 수 있는 표본을 제공해 주는 그러한 존재였다.

일화에 나오는 노농의 역사적인 위치는 바로 현재 우리나라에서 살아가는 대다수의 사람이 앞으로 역사에서 누려야 할 자리와 동일한 것이다. 이 일화에서 역사는 유명한 사람들의 힘, 이른바 영웅에 의해서 이루어지는 것이 아니라, 이름이 알려지지 않은 설화에 나오는 노농과 같은 사람들의 자취에 의해서 이루어지는 것이라는 점을 웅변하고 있다. 조선시대에 살았던 노농의 자취를 나아가서 농민의 삶을 제대로 복원하기는 너무나 어렵다. 하지만 조선시대에 모든 농업생산활동을 책임지고 수행한 사람이 바로 농민이라는 점을 잘 알고 있다. 역사를 공부하는 것이 과거의 흔적을 찾아 나서는 것이라고 한다면, 남아 있는 자료를 통해서 그 옛날 우리의 조상들이 살았던 자취를 복원하고, 현재를 살아가는 지혜와 미래를 내다보는 안목을 기르는 과정이 바로 역사인 것이다. 우리가 농민의 삶을 대체적으로나마 재구성하고 여러 가지 요소를 통해서 설명하는 것은 바로 농민이 가진 역사적인 의미를 되살리려는 것이다.

주석

1 이태진, 「15·6세기의 低平·低濕地 開墾 농업」, 『국사관논총』 2, 국사편찬위원회, 1989.

2 『農事直說』, 「耕地」, "若沮澤潤濕荒地, 則三四月間, 水草成長時, 用輪木, 殺草. 待土面融熟後, 下晩稻種. 又縛柴木兩三箇, 曳之以牛, 覆其種. 至明年, 可用耒(鄕名, 地寶). 三年, 則可用牛耕(糧莠不生, 大省鋤功)."

3 김태영, 『朝鮮前期土地制度史硏究』, 지식산업사, 1983.

4 『經國大典』 卷2, 戶典 田宅; 過三年陳田 許人告耕.

5 『受敎輯錄』, 戶典 諸田; 過三年陳田 許人告耕者 非謂永給 待本主還推間 姑許耕食(嘉靖丙辰承傳); 『續大典』 卷2, 戶典 田宅.

6 이호철, 「수전농법」, 『조선 전기농업경제』, 한길사, 1986, 50쪽.

7 이태진, 「조선시대 水牛·水車 보급 시도의 농업사적 의의」, 『千寬宇선생환력기념한국사학논총』, 정음문화사, 1985(『韓國社會史硏究-농업기술의 발달과 사회변동-』, 知識産業社, 1986 재수록).

8 저습지 개간에 대해서는 다음 논문이 참고가 된다. 이태진, 「15·6세기 低平·低濕地 開墾 動向」, 『國史館論叢』 2, 국사편찬위원회, 1989.

9 『성종실록』 권8, 성종 원년 10월.

10 經國大典 戶典 田宅; 堤堰及褊補所 林藪內 伐木耕田者 杖八十追利沒官.

11 이경식, 「17세기 농지 개간과 지주제의 전개」, 『한국사연구』 9, 1973; 송찬섭, 「17·18세기 新田開墾의 확대와 經營形態」, 『韓國史論』 12, 서울대학교 인문대학 국사학과, 1985.

12 『인조실록』 권3, 인조 원년 윤10월. 古者 山林川澤 無禁而與民共之 傾年以來 內需司·諸宮家及士大夫 爭相冒占.

13 송찬섭, 「17·18세기 新田 開墾의 확대와 경영형태」, 『韓國史論』 12, 서울대학교 인문대학 국사학과, 1985.

14 『新補受敎輯錄』戶典 量田.

15 『續大典』卷2, 戶典 田宅.

16 『세종실록』권92, 세종 23년 1월(4-333).

17 이태진,「16세기 沿海地域의 堰田 개발」,『韓國社會史硏究』, 지식산업사, 1986.

18 양선아,「조선 후기 서해연안 干拓의 기술적 과정과 開墾의 정치」,『조선 후기 간척 과 수리』양선아 편, 민속원, 2010, 27쪽.

19 『農事直說』種稻; 稻種 有早有晚 耕種法 有水耕(鄕名 水沙彌) 有乾耕(鄕名 乾沙彌) 又有揷 種(鄕名 苗種) 除草之法 則大抵皆同(『農書』1, 10면).

20 이태진,「14·15세기 農業技術의 발달과 新興士族」, 단국대 동양학연구원『東洋學』 9, 1979; 김용섭,『增補版朝鮮後期農業史硏究』2, 일조각, 1990; 이호철,『朝鮮前期農 業經濟史』, 한길사, 1986.

21 김용섭,「조선 후기의 수도작기술-이앙법의 보급에 대하여」,『조선 후기농업사연구 (증보판)』, 일조각, 1990, 20-22쪽.

22 구체적으로 이익(李瀷)의 지적에 따르면 이앙법을 채택할 경우 공력을 파종(直播)에 비 해서 5분의 4를 줄일 수 있었다고 한다(『星湖僿說』3, 人事門 本政書 上, 251쪽).

23 주강현에 따르면 두레의 보급은 이앙법의 중심적인 채택 지역인 삼남 지방을 중심으 로 하고 두레 전파의 계선은 바로 이앙법의 한계 지역과 일치한다고 한다.

24 『農事直說』耕地. 耕地宜徐 徐則土軟 牛不疲困 春夏耕宜淺 秋耕宜深.

25 『齊民要術』에서는 추경(秋耕)이 먼저 나오고 있다. 秋耕欲深 春耕欲淺. (卷1, 耕田 第一)

26 민성기,『朝鮮農業史硏究』, 일조각, 1988; 이경식,「朝鮮初期의 農地開墾과 大農經 營」,『韓國史硏究』75, 韓國史硏究會, 1991.

27 『農事直說』種胡麻. 性宜荒地(白壤尤良). (農書 1, 22면)

28 高尙顔,『農家月令』二月節 驚蟄. 節內 盡播春麰麥 … 擬種大豆日 播麰時 不以虎齒 而以木 犁淺耕兩間 水荏與糖與麻種 以沙土幷和 疎潤播之 以虎齒同時覆土 則此數種先出 而種大豆 似便).

29 민성기에 따르면 동모(凍麰) 재배 원리는 20세기에 유리센코라는 사람이 발견한 춘화 처리이론과 동일한 원리라고 한다(민성기,「『農家月令』과 16世紀의 農法」,『朝鮮農業史硏究』, 일 조각, 1988, 205쪽).

30 『태조실록』의 기사에 의하면 문익점이 원에서 고려로 돌아와 고향인 진주에서 목면 을 재배하기 시작한 때가 1364년(정조 24)이라고 한다(『태조실록』권14, 태조 7년 6월).

31 최영호,「高麗末 慶尙道地方의 木綿 보급과 그 주도세력」,『考古歷史學志』5·6, 동아

대학교박물관, 1990, 253쪽.

32 청구기호는 古(단계) B15BB 이64ㄱ이다.

33 이호철, 「作物栽培範圍」, 『조선 전기농업경제사』, 한길사, 1986, 537쪽.

34 조선 후기 상업적 농업의 전개와 상품작물의 재배에 대해서는 다음 연구에 잘 정리되어 있다. 김용섭, 『增補版朝鮮後期農業史研究』 II, 일조각, 1990; 이영학, 「조선 후기 상품작물의 재배」, 『외대사학』 5, 서울 한국외대 사학연구소, 1993, 221-242쪽.

35 김용섭, 「『農家月令』의 農業論」, 『朝鮮後期農學史研究』, 一潮閣, 1988, 148-150쪽.

36 丁若鏞, 『經世遺表』 卷8, 地官修制 田制 11, 正田議 3.

37 김용섭, 「조선 후기의 경영형 부농과 상업적 농업」, 『조선 후기농업사연구(중보판)』 II, 一潮閣, 1990, 301쪽.

38 권태억, 「조선 후기 방직기술 개량론」, 『김철준박사화갑기념사학논총』, 지식산업사, 1983.

39 김용섭, 「『閑情錄』의 農業論」, 『조선 후기농학사연구』, 일조각, 1988, 125-132쪽.

40 박지원(朴趾源)의 「穢德先生傳」에는 왕십리에서 무우, 살곶이 다리에서 순무, 석교에서 가지, 오이, 수박, 연희궁에서 고추 부추 해채, 청파에서 마나리, 이태원에서 토란 같은 것들을 재배하고 있는 상황을 잘 보여 주고 있다.

41 이영학, 「18세기 초의 생산과 유통」, 『韓國史論』 13, 서울대학교 인문대학 국사학과, 1985, 191-201쪽.

42 이태진, 「16세기 東아시아 경제변동과 정치·사회적 동향」, 『朝鮮儒教社會史論』, 지식산업사, 1989, 96-103쪽.

43 金澤榮, 『韶濩堂文集』 卷7, 紅蔘志.

44 김용섭, 「조선 후기의 경영형 부농과 상업적 농업」, 『증보판조선 후기농업사연구』 II, 일조각, 1990, 321쪽.

45 민성기, 「『農家月令』과 16世紀의 農法」, 『朝鮮農業史研究』, 一潮閣, 1988.

46 申洬, 『農家集成』 「農事直說」 種稻, 早稻秧基; 以灰和人糞 布秧基 而假如五斗落 多年秧基 則和糞灰三石 若初作秧基 則和糞灰四石 適中 和糞時 極細調均 若糞塊未破 穀着其上 反致浮釀(慶尙左道人 行之).

47 申洬, 『農家集成』 「農事直說」 種稻, 早稻秧基; 胡麻殼 剉之 牛馬廐 踐踏 積置經冬者 木綿子和廐尿者 亦可(右道人 行之 節早無草 則可好 而至於晩稻 亦爲之).

48 『승정원일기』 1804책, 정조 23년 2월 11일(95-683나). 備邊司 公州 生員 柳鎭穆의 冊子

에 대해 啓함.

49 『日省錄』정조 23년 2월 11일(27권 388-399면). 公州生員 柳鎭穆 疏陳冊子中 條件.

50 南極曄,『愛景堂遺稿』卷5, 農書簿冊, 糞田; 每糞 各入骨同煮 牛糞用牛骨 馬糞用馬骨
   之類 人糞無骨 則入髮少許 代之 凡布種者 假令一區 用熟糞一升 則其利百倍.

51 鐵製 農器具가 농업생산의 주요한 노동 도구로 정립된 이래 작물을 재배하는 과정에
   필요한 농기구가 오랜 기간에 걸쳐 정착되다.

52 中國史의 경우 農器具가 직접생산 현장에 투하된다는 점에서 그 발달과 진보의 모
   습이 곧장 농업생산력의 발달로 이어진다고 파악하고 있다(퍼킨스 지음 양필승 옮김, 1997
   『中國經濟史 1368-1968』, 신서원).

53 한국사에서 많이 지적되는 4-6세기의 신라 사회의 분화는 바로 철제농기구의 광
   범위한 보급이라는 배경 속에서 나타난 것이었다. 全德在,「新羅 州郡制의 成立背
   景研究」『韓國史論』22, 서울대학교 국사학과, 1990; 전덕재,「4-6세기 농업 생산
   력의 발달과 사회 변동」『역사와 현실』4, 1990; 金在弘,「살포와 鐵鋤를 통해서 본
   4-6세기 농업기술의 변화」『科技考古硏究』2, 아주대학교 박물관, 1997.

54 쟁기와 호미에 대한 朴虎錫의 다음 연구가 참고된다. 朴虎錫,「東西洋 쟁기의 起源과
   發達」忠北大學校 농학박사학위논문, 1988; 朴虎錫,「韓國의 農具 '호미'」『연구와 지
   도』33-1, 1992.

55 염정섭,『조선시대 농법 발달 연구』, 태학사, 2002.

56 高尙顔,『農家月令』正月節 立春. 備農器(中犁 小犁 犁口 及 景鐵 並大鋤 虎齒把 鐐屎 鋤迄羅 鱗
   地板 是也).

57 高尙顔,『農家月令』二月中 春分. 有陳田 起耕以中犁 擬付黍粟.

58 閔成基는 並大鋤를 쌍가래로 추정하고 있지만, 鋤 가운데 커다란 삽을 가리키는 것으
   로 생각된다(閔成基,『農家月令』과 16世紀의 農法」『朝鮮農業史研究』, 一潮閣, 1988, 216면).

59 朴齊家,『北學議』外篇 農器六則

60 柳馨遠에 따르면 湖西와 湖南은 二牛耕을 하고 京畿와 嶺南은 一牛耕을 하고 있었다
   (『磻溪隨錄』권 1, 田制上). 18세기초에 만들어진 『山林經濟』에 胡犁(單牛犁)가 보이고 있다.

61 閔成基,「朝鮮犁의 特質과 犁耕法의 展開」『朝鮮農業史研究』, 一潮閣, 1988, 76-77쪽.

62 徐有榘,『林園經濟志』本利志 권4,「南北耕法」:『課農小抄』農器 犁

63 호미의 기능상 변화가 어느 시기에 결정적으로 이루어졌는지는 아직 불확실하다. 다
   만 두레의 북상과 관련하여 설명할 수 있을 뿐이다(朱剛玄,『두레연구』(경희대 대학원 박사학

위논문, 1995), 106면.

64 『承政院日記』1802책, 正祖 22년 12월 21일 庚戌 (95-572나) 前 莊陵 令 廉德隅 上疏. 至於農器 耒耜之長短 犁鋤之廣狹 雖南北異制 東西殊樣 而畢竟治地之功 則同歸於效力耳.

65 『承政院日記』1802책, 正祖 22년 12월 21일 경술 (95-572나) 前 莊陵 令 廉德隅 上疏.

66 『日省錄』정조 23년 3월 22일 庚辰 (27권 547-561면) 洪川 儒生 李光漢 農書.

67 朴虎錫, 「韓國의 農具 '호미'」 『연구와 지도』 33-1, 1992.

68 柳得恭, 『古芸堂筆記』, 卷之六 農器俗名釋.

69 이광인, 『李朝水利史研究』, 韓國文化叢書 8, 韓國研究院, 1961.

70 이태진, 「조선 초기의 水利정책과 水利시설」, 『李基白古稀紀念 韓國史學論叢(下)』, 一潮閣, 1994; 宮嶋博史, 「李朝後期の農業水利-堤堰(溜池)灌漑を中心に-」, 『東洋史研究』 41-4, 東洋史研究會, 1983.

71 이태진, 「16세기의 川防(洑) 灌漑의 발달」, 『韓㳉劤博士停年紀念史學論叢』, 지식산업사, 1981(이태진, 앞의 책 재수록).

72 최원규, 「朝鮮後期 水利기구와 經營문제」, 『國史館論叢』 39, 국사편찬위원회, 1992.

73 柳彭老, 「農家說」, 『月坡集』

74 『승정원일기』 1802책, 정조 22년 12월 16일(95-540다). 洪州 幼學 申在亨 上疏; 蓋近於山而有堤 堤者所以貯水也 近於野而有洑 洑者所以引水也 近於海而有堰 堰者所以防水也 堤洑堰三者 所以興水功備旱災者也.

75 조선시대 수리사 연구를 개척하다시피 한 이광린(李光麟)은 자신의 저서에서 수리시설의 종류를 관개용(灌漑用) 시설(施設)(堤堰, 洑, 溝渠), 방수용(防水用) 시설(防川, 防潮堤)로 나누어 설명하였다(이광인, 『李朝水利史研究』 韓國研究叢書 8輯, 韓國研究圖書館, 1961, 30-42쪽).

76 문중양, 『조선 후기 水利學과 水利담론』, 집문당, 2000.

77 한국고고환경연구소, 『한국고대의 수전농업과 수리시설』, 서경문화사, 2010, 330-331쪽.

78 수갑(水閘)은 개폐(開閉)할 수 있는 수문(水門)으로 가뭄을 만났을 때 철폐하여 관전(灌田)하여 백성이 이득을 얻을 수 있게 하는 것으로 실로 수리(水利)의 총규(總揆)라 할 수 있는 것이었다(徐光啓, 『農政全書』 卷17, 水利, 灌漑圖譜 水閘).

79 『문종실록』 권4, 문종 즉위년 10월(6-302), "至若一面山谷一面平野 則山谷之地 猶可川防引水 而備旱嘆 平野之民 非雨澤 固無備旱之策 雖曰一邑鄕 而禾穀之損實 從以賴

殊今也."

80 『문종실록』권4, 문종 즉위년 10월 3일(6-293).

81 『문종실록』문종 즉위년 10월 3일;『세조실록』세조 원년 9월 15일;『성종실록』성종 7년 8월 26일.

82 이태진, 앞의 글.

83 『승정원일기』1802책, 정조 22년 12월 20일(95-560나). 副護軍 卜台鑛 上疏.

84 『日省錄』정조 23년 2월 11일(27권 388-399면). 公州生員 柳鑛穆 疏陳冊子中 條件.

85 『승정원일기』1802책, 정조 22년 12월 23일(95-582가). 前 參奉 李尙熙 上疏.

86 『日省錄』정조 23년 5월 22일(27권 906면). 朴宗赫 農書.

87 『日省錄』정조 23년 5월 22일(27권 906면).

88 최원규, 앞의 논문.

89 『日省錄』정조 23년 2월 11일(27권 388-399면). 公州生員 柳鑛穆 疏陳冊子中 條件.

90 정치영,「智異山地 벼농사의 灌漑體系와 물管理方法」,『대한지리학회지』80, 대한지리학회, 2000.

91 강화도 선두포언의 축조와 운영과 관련된 서술은 다음 논문에 의거하였다. 이영호,「강화도 船頭浦築堰始末碑의 내용과 가치」,『박물관지』3, 인하대학교 박물관, 2000.

92 송양섭,「17세기 江華島 방어체제의 확립과 鎭撫營의 창설」,『한국사학보』13, 고려사학회, 2002, 233-234쪽.

93 최영준,『국토와 민족생활사』, 한길사, 1997, 189-191쪽.

94 중국 청대(淸代)초 오삼계(吳三桂)·상가희(尙可喜)·경계무(耿繼茂)의 세 번왕(藩王)이 일으킨 반란.

95 최영준, 앞의 책, 191-192쪽.

96 이영호,「강화도 船頭浦築堰始末碑의 내용과 가치」,『인하대학교 박물관지』3, 인하대학교 박물관, 2000, 111-118쪽.

97 인조와 효종의 경우 강화도의 목장혁파와 개간에서 얻은 땅을 원주민에게 준 것이 아니라 타지민에게 주어 운영하게 하였다.

98 이영호, 앞의 논문, 120쪽.

99 최영준, 앞의 책, 189쪽.

100 문중양,『조선 후기 水利學과 水利담론』, 집문당, 2000, 39-41쪽.

101 王禎,『農書』農器圖譜集 13, 灌漑門 陂塘, 水塘(王毓瑚 校,『王禎農書』, 농업출판사, 324-325

쪽); 陂塘 說文曰 陂野塘也 塘猶堰也 陂必有塘 故曰陂塘 周禮以瀦蓄水 以防止水 設者
謂瀦者 蓄流水之陂也 防者 瀦旁之堤也 今之陂塘 旣與上同 … 水塘卽洿池 因地形坳
下 用之瀦蓄水潦 或修築圳堰 以備灌漑田畝 兼可畜育魚鼈 栽種蓮芡 俱各獲利累倍.

102 문중양, 앞의 책, 262-263쪽.

103 宮嶋博史, 앞의 논문, 655쪽.

104 김광언은 물대는 연장으로 구분하고 있다. 김광언, 『한국의 농기구』, 문화공보부 문
화재관리국, 1969.

105 申光漢 『企齋集』 卷7, 歲旱汲馬湫灌田(『韓國文集叢刊』 22輯).

106 이태진, 「조선시대 水牛·水車 보급 시도의 농업사적 의의」, 『한국사회사연구』, 1986,
340쪽.

107 문중양, 『조선 후기의 수리학』, 서울대학교 박사학위논문, 1995.

108 『세종실록』 권60 세종 15년 4월(3-465).

109 『세종실록』 권1, 세종 즉위년 8월 15일(2-262); 上王歡甚曰 自春以來 今始解憂 今日下
淚三度 予之子非不多 然不得具在眼前 一恨也 前日孝寧 忠寧朝夕出入定省 今忠寧爲
國王 未得數見 二恨也 在位十九年 水旱之災 無歲無之 三恨也.

110 『표준국어대사전』; 채 익기 전의 벼나 보리를 미리 베어 떨거나 훑는 일.

111 丁若鏞 原註: 四月民間艱食 俗謂之麥嶺. 사월이면 민간에 먹을거리에 어려움이 많아
시속(時俗)에 보릿고개라 부른다.

112 丁若鏞 原註: 方言 宰相曰 大監. 방언(方言)으로 재상(宰相)을 대감(大監)이라 부른다.

113 丁若鏞, 『與猶堂全書』, 第一集 詩文集 第四卷, 長鬐農歌十章. 번역문은 한국고전종
합DB에 올라와 있는 양홍렬의 번역문을 토대로 필자가 약간 수정하였다.

114 正祖, 『弘齋全書』 卷51, 策問, 還餉(蔭官應製及抄啓文臣親試○乙卯); 室懸如磬 塵生于釜 空
瓶無粒米之儲 比隣絶握粟之貸 計到萬量 望斷一飽 于斯時也 縣門揭榜 發倉指日 男欣
女悅 虛往實歸 得之有道 取之無禁 越自歲飯 直到麥嶺 以之生活 以之耕作 西疇之種
南畝之餉 一皆取辦於斯.

115 김희선·김숙희, 「朝鮮後期 飢饉 慢性化와 救荒食品 開發의 社會·經濟的 考察」, 『韓
國食文化學會誌』 2권 1호, 한국식문화학회, 1987; 김성미·이성우, 「朝鮮時代 救荒食
品의 문헌적 고찰」, 『東아시아食生活學會誌』 2권 1호, 동아시아 식생활학회, 1992.

116 김태완, 「朝鮮後期 救荒食品의 활용에 대한 研究」, 서울시립대 국사학과 석사학위논
문, 2000.

117 『세종실록』권19, 세종 5년 3월(2-530). 그리고 황해도 봉산(鳳山), 서흥(瑞興)에서는 백토(白土), 백적토(白赤土)를 먹고 요기(療飢)하였다는 기사도 찾아볼 수 있다(『세종실록』권20, 세종 5년 4월(2-537); 黃海道 鳳山 西面 白土 瑞興 南山 白赤土味甘 飢民堀取 和米粉啖之 療飢).

118 『세종실록』권104, 세종 26년 4월 24일(4-551); 上聞黃海道饑 人民皆堀土食之 遣知印朴思貴 往驗之 至是思貴回啓 海州人民堀土食之者 凡三十餘人 長淵縣有二人 堀土食之 壓死 然無大飢饉者.

119 李瀷,『星湖僿說』卷4, 萬物門, 土異; 定山有土脈 出崖谷間 居民 取以爲食 米麪一斗 和土五升 合成餠云 人有携以示之者 色白 類茯笭 極有津液 嚼之 微有土氣 然可爲食 物者也.

120 홍기창,「救荒對策에 關한 小考」,『지방행정』Vol. 4, No. 2, 1955, 73쪽.

121 윤서석,『한국민속대관』2, 고려대학교 민족문화연구소, 1980(조미숙,「韓國의 菜蔬 飮食 文化」,『韓國食生活文化學會誌』18권 6호, 2003, 607쪽에서 재인용).

122 벼농사를 망쳤을 때 메밀(蕎麥), 대파(代播)를 지시하거나 권유하는 등의 기록은 조선 시대에 편찬된 농서(農書)들과『朝鮮王朝實錄』에서 많이 찾을 수 있다.

123 『헌종실록』권5, 헌종 4년 6월(48-458); 大司憲 徐有榘 疏略曰 … 昔在正廟戊午(1798년) 揷秧愆期 朝令代播蕎麥 臣時守淳昌郡 勸相其役.

124 『정조실록』권48, 정조 22년 6월 5일(47-89); 別論華城府曰 … 此予所以或値秧節之衍 期 必勸木麥之代播者也 昨見廟堂草記 以木麥外 亦多宜播之穀爲言 種菽之易爲力 次 於木麥 而土性田功 不啻以南畿湖 節候雖似各異 根耕之過期 與移秧一般 以用於根耕 者 用於代播 而諸路之一齊食實 固未可必.

125 丁若鏞,『與猶堂全書』第一集 詩文集 第二卷, (大平澤縣). 번역문은 한국고전번역원의 한국고전종합DB에서 인용하였다.

126 감저(甘藷)가 조선에 도입되어 전파되고 경작법(耕作法)이 정리되는 과정에 대해서는 다음 논문을 참고할 수 있다. 오수경,「朝鮮後期 利用厚生學의 展開와『甘藷譜』의 編 纂」,『安東文化』16집, 안동대학교 안동문화연구소, 1995; 篠田統,「種藷譜と朝鮮의 甘藷」,『조선학보』44, 조선학회, 1967; 孫晉泰,「甘藷전파고」,『震壇學報』13, 1941.

127 趙曮,『海槎日記』卷5, 1764년 6월 18일(『(國譯)海行摠載』VII, 민족문화추진회, 1967, 311-312쪽).

128 徐有榘,『種藷譜』麗藻第十四,「李參奉贈姜生詩」附記; 藷種之傳於國中 始此卽乙酉 (1765년 영조 41).

129 『정조실록』권48, 정조 22년 6월(47-89).

130 『정조실록』권41, 정조 18년 12월(46-534).

131 『승정원일기』1807책, 정조 23년 4월 9일(95-822다). 尙州 幼學 李齊華 上疏.『日省錄』에는 "감저(甘藷)의 종(種)은 구황(救荒)에 가장 알맞으니 제도(諸道)에 광포(廣布)하면 실로 보곡(補穀)하는 일조(一助)일 것이다"로 되어 있을 뿐이다.

132 김희선·금숙희,「朝鮮後期 飢饉 慢性化와 救荒食品 開發의 社會·經濟的 考察」,『韓國食文化學會誌』2권 1호, 한국식문화학회, 1987, 85쪽.

133 이광호,「구황 자료에 나타난 구황 작물 어휘의 국어사적 고찰」,『언어과학연구』64, 언어과학회, 2013, 292쪽.

134 『선조실록』권42, 선조 26년 9월 9일(22-97); 傳曰: "賑救時, 『救荒撮要』中所載, 如橡實 松皮 草食等物, 措置.

135 이광호, 앞의 논문, 295쪽.

136 『세종실록』권63, 세종 16년 2월 27일(3-546); 慶尙道賑濟敬差官啓: "救荒之物, 橡實爲上, 松皮次之 然禁伐松木之令嚴, 而飢民未得剝皮而食, 誠爲可慮 閭閻近地殘山盤屈松木, 終爲無用之材, 許令飢民剝皮而食"令戶曹磨鍊以啓 本曹啓曰: "雖嚴令禁伐, 冒禁斫伐者尙多, 況今盤屈松木, 許以斫伐, 憑藉救荒, 必將盡伐可用松木, 宜停之"從之.

137 『세종실록』권73, 세종 18년 윤6월 28일(4-21).

138 오종록,「공동연구: 15세기 사회와 농민 15세기 자연재해의 특성과 대책」,『역사와현실』, 한국역사연구회, 1991, 48-49쪽.

139 『선조실록』권54, 선조 27년 8월 2일(22-320); 賑恤使朴忠侃啓曰: "近日賑濟場所食者, 士 庶人幷一萬一千一百八名, 五日分給賑穀之數, 米太豆一百五十餘石 備邊司米豆旣竭, 不支數月之用云 請令有司, 登時措置 如橡實 鹽藿 黃角 海菜 豆笇 豆葉 蓼蔥, 各種草食, 令所産之官, 不煩民力, 隨便預備 且今年橡實, 處處繁盛, 擇定勤幹之人, 多率飢民中願受料米者, 使於京城近處山谷間摘取 又令各道監司, 依募粟例, 從便收合 各處屯田之穀, 除明年種子及國用外, 其餘雜穀, 氷凍之前, 船運於京江何如 上從之.

140 『태종실록』권27, 태종 14년 2월 1일(영인본 2책 4면), 申勸農之令. 議政府啓曰: "小民當以務農爲急; 守令專以勸課爲任. 諸道州縣風土不同, 所種之穀, 本自異宜; 耕種之候, 亦有早晚. 願以宜土之穀 播種之節, 備書布告, 令守令知勸課之方, 授之以時, 庶乎民不失時矣."

141 『태종실록』권27, 태종 14년 2월 1일(영인본 2책 4면), 上曰: "予嘗觀一野之田 一般之穀,

其成熟有先後, 豈地與穀種之罪耶? 是人力勤不勤如何耳. 故曾命政府曰: '令守令勤於
勸課, 及其未霜, 無不熟之禾.' 政府何不知寡人之意乎? 穀名及播種時候, 老農所知,
不必布告." 乃下旨曰: "勸農, 爲政之本, 各官守令耕耘收穫等事, 不肯用心, 致使一般之
穀, 有經霜不實, 或不早收穫, 以致風雨損耗. 今後守令以時監督, 令民齊作播種, 比其
成熟, 隨卽刈穫."

142 염정섭, 「세종대 권농 실시와 농법 정리의 의의」, 『규장각』 57, 서울대학교 규장각한
국학연구원, 2021.

143 李鈺, 『白雲筆』, 「談穀」(『완역 이옥전집 4: 자료편(원문)』, 실시학사 고전문학연구회, 휴머니스트,
2009, 371쪽).

144 『日省錄』 정조 23년 5월 22일(27권 912쪽). 南原 前 縣監 張顯慶 所陳 農書. 장현경에
주장에 대하여 비변사는 "이미 면임(面任)을 치(置)하였고 또한 이정(里正)이 있으니 이
것은 족(足)히 권농(勸農)의 임(任)이다. 궁행(躬行)하고 권과(勸課)하는 것은 곧 수령(守
令)의 책(責)이니 하필(何必) 명목(名目)을 다로 세워 전준(田畯)을 창출(刱出)하고 일써 촌
여(村閭)의 주식(酒食)을 소비하고 지휘(指揮)의 다문(多門)을 열 것인가"라고 설명하면
서 반대 입장을 분명하게 나타내고 있었다.

145 『승정원일기』 1802책, 정조 22년 12월 29일(95-603가). 巡將 鄭道星 上疏. 정도성은
이와 더불어 어사를 때때로 파견하여 농사를 근실하게 짓도록 독려하고 遊食하는 백
성들을 다스려야 한다고 주장하였다.

146 『日省錄』 정조 23년 5월 22일(27권 912쪽). 南原 前 縣監 張顯慶 所陳한 農書.

147 『日省錄』 정조 23년 5월 22일(27권 913쪽). 南原 幼學 盧翼遠 所陳 農書冊子.

148 서유구(徐有榘)가 「擬上經界策」에서 제안한 경사둔전(京師屯田)은 농법(農法), 수리법(水
利法) 등을 시험하여 새로운 기술을 개발하고, 이를 사도팔도로 보급하는 곳으로 '조
선농사시험장'으로 볼 수 있다(徐有榘, 『楓石全集』 「金華知非集」 卷第十一, 策, 擬上經界策).